Hundetræning og Hvalpetræning

Finn Nielsen

Indhold

Hundetræning og Hvalpetræning — 1

Indledende — 4

Generel viden om Træning af hunde — 6
Uddannelse eller træning? — 6
Uddannelse - Hundens adfærd i hverdagen — 7
  Jagthunde — 7
  Hyrdehunde — 8
  Vagthunde — 9
  Sociale hunde — 10
  Gravhunde — 10
  "Kamphunde" — 10
Uddannelse - Undervisning i kommandoer — 11
Forholdet mellem menneske og hund — 12

Grundlæggende om forskellige Former for læring — 15
Conditioning — 17
  Klassisk konditionering — 18
  Operant konditionering — 19
Tilvænning — 21
Sensibilisering — 23
Efterligningstræning — 23

Forståelse af hundesprog — 24
Grundlæggende kendskab til træning af hvalpe — 25
  De første uger — 25
  Kropssprog: Forstå hundens sprog — 27
  Hvad ønsker din hund at fortælle dig? — 27
  Menneskets kommunikation med hunden — 30
  Og hvordan taler din hund til dig? — 32
Hundens udtryksmæssige adfærd — 32

Hvalpens gestik og ansigtsudtryk	33
Frygt	36
Aggression	36
Dominans	37
Indsendelse	38
Hengivenhed	38
Afvisning	39
Kedsomhed	39
Lutten	40
Duften signalerer	41
Tilbehør til uddannelse og træning	**42**
Hvordan kan du forberede dig på hvalpen derhjemme?	42
Halsbånd eller brystsele?	44
Hvilken snor er bedst?	45
Kasse, kurv eller sove i sengen?	47
Fløjte og klikker	48
Legetøj	49
Tøj til hunden?	52
Særlige funktioner i Træning af hvalpe	**54**
Krav til hvalpen	55
De første uger og måneder	57
Udviklingsstadier for hvalpe	58
De første lektioner	61
Stuepasser	61
Håndtering af snor	62
Alene hjemme	64
De første kommandoer	65
Hvalpegrupper	71
Emner	**73**
Hvalpen i puberteten	74
Aggression i snor	79

Den naturlige jagtadfærd	80
Territorial adfærd	83
Madmisundelse over for mennesker og hunde	85
Impulskontrol hos hunde	86
Adfærdsfejl i forbindelse med hunde	90
Frontal øjenkontakt	90
Gå direkte hen til hunden	91
Løber væk fra hunden	91
Intimidering gennem aggression	92
Bøje sig over hunden	92
Hæv hænderne	93
Almindelige fejlfortolkninger i hundesprog	93
"En hund, der vifter med halen, er altid glad."	93
"Når en hund knurrer, er den aggressiv."	93
"Min hund ignorerer mig for at provokere mig."	94
"Min hund skammer sig virkelig, når jeg skælder ham ud!"	94
"Knurren er et tegn på aggression."	95
Afsluttende ord	**96**
Om denne serie: Min hund for livet	98
Kilder	**99**

Indledende

Har besluttet at læse om hundetræning. Det betyder, at du sikkert overvejer at anskaffe dig en hund. Det er et stort skridt at se frem til, for hunde kan berige livet som næppe noget andet. Der er dog et par ting, som du skal overveje på forhånd, for en hund betyder ikke kun glæde, men også en masse ansvar og arbejde. Uerfarne hundeejere tror måske, at arbejdet med at have en hund primært består i at gå og fodre den. Men det er ikke tilfældet. Faktisk er det træningen af hunden, der normalt kræver den største indsats. Selv hvis du ikke har nogen som helst erfaring med hundetræning, vil denne bog hjælpe dig med at lægge et vigtigt fundament. Den starter med grundlæggende oplysninger om hundetræning og om, hvordan forholdet mellem menneske og hund fungerer. Et kærligt forhold er vigtigt, og det samme gælder træning, der regulerer og gør livet sammen behageligt. Tænk grundigt over, hvilken hunderace der passer til dig og din livsstil. De anførte særlige kendetegn ved de enkelte racer kan helt sikkert hjælpe dig i denne forbindelse. I det andet kapitel gives der en alsidig oversigt over forskellige former for læring. I sidste ende kan du selv bestemme, hvilken form for læring der er den rigtige for dig og din hund. Det er bedst at afprøve forskellige former for læring, før du forpligter dig.

Ligesom børn har brug for en skoletaske, kan der også være nyttigt læringstilbehør til hunde. Du finder eksempler på disse, og hvordan du bruger dem, i det tredje kapitel. Selvfølgelig skal en hunds liv også indeholde en masse sjov og leg. Skab variation med forskellige typer leg og legetøj. Hvis du overvejer at anskaffe dig en hvalp i stedet for en voksen hund, bør du læse det fjerde kapitel omhyggeligt, fordi træningen af hvalpe er anderledes end af voksne hunde. Hvalpe har særlige behov og kræver meget opmærksomhed og pleje i de første måneder. Køb ikke en hvalp, bare fordi du synes, den er sød, men tag en sådan beslutning vel vidende, at en hvalp ikke kun er meget sjov, men også meget arbejde.

Hvis du allerede har en hund og er interesseret i emnet træning, fordi hunden udviser en bestemt dårlig opførsel, kan det femte kapitel måske hjælpe dig. Den beskriver nogle få typiske problemer, der kan opstå, når man bor sammen med en hund. De fleste problemer er baseret på simple misforståelser i kommunikationen mellem mennesker og hunde. Lær at forstå hundens sprog, så kan du undgå sådanne misforståelser.

Denne bog forbereder dig grundigt på din første hund og giver dig grundlæggende viden om de vigtigste emner i forbindelse med sameksistens mellem mennesker og hunde.

Generel viden om Træning af hunde

Dette kapitel beskrives de første grundlæggende principper for hundetræning. Det skal bemærkes, at der er forskelle mellem at opdrage og træne en hund, hvilket enhver ejer bør vide. God træning er kun vellykket, hvis du opbygger et bånd til din hund, og det er derfor, at forholdet mellem menneske og hund også diskuteres.

UDDANNELSE ELLER TRÆNING?

Begreberne "uddannelse" og "træning" blandes ofte sammen eller forveksles med hinanden, når det drejer sig om hunde. Det kan føre til misforståelser og konflikter, og derfor forklares begge begreber separat her. Det er ikke kun nyttigt at kende forskellen mellem opdragelse og træning i samtaler med andre hundeejere eller hundetrænere, men også i dit daglige samspil med din hund.

Grundlæggende kan man sammenligne opdragelse og træning af hunde med opdragelse og træning af børn. Barnet modtager primært undervisning fra sine forældre og sørger for, at det lærer gode manerer og passende social adfærd. Uddannelse finder derimod sted i skolen, hvor barnet f.eks. lærer at regne, læse og skrive. Et barn, der får topkarakterer i matematik, men som altid er uvenlig over for andre mennesker, har en god uddannelse, men en dårlig opdragelse. På den anden side har et barn, der altid er omhyggelig med at behandle sine medmennesker godt, men som har store vanskeligheder i skolen, en god opvækst, men en dårlig uddannelse. Hunde er naturligvis ikke børn og bør ikke betragtes som sådanne, men denne sammenligning kan alligevel være nyttig for at forstå forskellene mellem opdragelse og træning.

UDDANNELSE - HUNDENS ADFÆRD I HVERDAGEN

Hundetræning handler om at få hunden til at forstå, hvilken adfærd der forventes af den, når den lever sammen. Hunden skal udvise denne adfærd af sig selv og ikke kun, når den bliver bedt om det. Træning er normalt nødvendig, når hundens instinktive adfærd har en negativ indflydelse på samlivet, og det derfor er nødvendigt at arbejde målrettet mod disse instinkter.

Mange hunderacer er avlet med henblik på en bestemt adfærd. Formålet med disse avlsformer var at tilpasse hunden til en opgave, som den skulle udføre for mennesket. Først senere opstod den nuværende tendens til at holde hunde som rene kæledyr, der skal passe ind i familielivet. Dette får dog ikke den indfødte adfærd til at forsvinde, og hvis hunden ikke bliver undervist i andet, vil den opføre sig i overensstemmelse med sin natur. En adfærd, som oprindeligt var ønsket og specifikt udarbejdet, kan imidlertid opfattes som temmelig negativ i det daglige familieliv. Hvis du planlægger at anskaffe dig en racehund, bør du helt sikkert informere dig om racens historie og blive opmærksom på de problemer, der kan opstå, når du har med denne race at gøre. Du skal ikke grundlæggende betragte denne adfærd som noget problematisk, men acceptere den som noget, der er en del af din hund. Forsøg ikke at påtvinge hunden et liv, som er helt imod dens natur. Det er muligt at lade hunden udleve sine instinkter ved f.eks. at integrere visse lege i hverdagen, hvor den får lov til at opfylde sine behov. Det er ikke kun godt for din hund, men har også en generel positiv effekt på samlivet og forholdet mellem dig og hunden.

Følgende er nogle få eksempler på racer, der er blevet avlet til at have en bestemt adfærd.

Jagthunde

Opdræt af jagthunde har en lang tradition og har frembragt en lang række forskellige racer, som igen er blevet opdrættet til specifikke teknikker.

Løbende hunde har den bedste lugtesans blandt alle hunderacer og bruger deres stemme til at kommunikere med jægeren. Dette kan opleves som forstyrrende i det daglige familieliv. Løbende hunde omfatter Beagles og Bloodhounds.

Spidshunde kaldes sådan, fordi de holder en forpote op, når de vil gøre jægeren opmærksom på byttet, når de vil henlede jægerens opmærksomhed på et bytte. Til denne gruppe hører også bosættere, Münsterlændere og Pointere.

Retrieverhunde har til opgave at samle byttet op, efter at jægeren har skudt det. Disse omfatter retrievere, labradorer og nogle pudler.

Retrieverhunde er fremragende sporere. Det gælder f.eks. vagtler og spaniels.

Det gælder for alle jagthunderacer, at de naturligt har et stærkt jagtinstinkt. Dette er især relevant, når du går tur med din jagthund, for det vil ske fra tid til anden, at den bliver udsat for en stimulus, der aktiverer dens jagtinstinkt. Hvis du holder din jagthund som kæledyr og ikke ønsker at gå på jagt med den, er det vigtigt at lære hunden, at den ikke må udleve sit jagtinstinkt i alle situationer. I stedet skal han lære, at der er særlige legetidspunkter, hvor han kan opfylde dette behov. Jagthunde er også meget selvstændige og har ikke tendens til at udvikle separationsangst. Ulempen ved dette er, at det kan ske, at en jagthund løber af sted på egen hånd og stikker af. Denne adfærd kræver også udendørs træning. Sørg for, at din hund kan blive kaldt ud, og at du træner den tilstrækkeligt.

Hyrdehunde

Hyrdehunde er hunde, der bruges til at vogte flokke og styre dem sammen med hyrden. De kommunikerer med hyrden og ved, hvordan de kan gennemføre komplicerede strategier til at kontrollere flokkene. Derfor er hyrdehunde bl.a. kendetegnet ved et ekstremt højt intelligensniveau. Du som ejer skal gøre dette retfærdigt og tilbyde hunden tilstrækkelig mental stimulering. Hvis en hyrdehund konstant bliver underudfordret, vil den næsten helt sikkert begynde at udvikle negativ adfærd og udtrykke sin frustration over at blive underudfordret. Med hensyn til træning er det også vigtigt at være opmærksom på, at hyrdehunde, som navnet antyder, har et stærkt instinkt for at drive flokken. En hyrdehund er derfor meget tilbøjelig til f.eks. at vogte små børn. Det kan også være ganske positivt, alt efter om du ønsker det eller ej.

Typiske racer er hyrdehunde, corgier og collies.

Border Collies er specielle, fordi denne race er kendetegnet ved en særlig høj intelligens og en unik hyrdeadfærd. Border Collies styrer flokke med deres stirrende blik. I kommunikation med andre hunderacer kan denne stirren tolkes som en udfordring eller aggression.

En anden specialitet er de såkaldte hyrdehunde, som blev avlet specielt til at drive besætninger. Disse omfatter f.eks. den australske kvæghund og Bouvier des Flandres.

Vagthunde

Vagthunde blev opdrættet til at vogte mennesker eller for det meste steder. Det ligger i deres natur at have et behov for at have kontrol over situationen og at være skeptiske over for fremmede. De har også en tendens til at forsøge at overtage kommandoen, hvis de føler, at de ikke har en klar leder. Hvis du ønsker at få en vagthund, skal du derfor være særlig omhyggelig med at træne den, så du har en klar linje med hunden og opfører dig klart som leder. Hunden skal vide, at du har kontrol over situationen, ellers kan det gøre den usikker. Social adfærd skal også opmuntres i en tidlig alder, da naturlig skepsis over for fremmede ikke er en ønskværdig adfærd for en hushund. Væn din hund til at få besøg af fremmede i en tidlig alder, og sørg for, at den forbinder det med positive oplevelser. En vagthund skal generelt have en god selvtillid for at undgå angstfuld adfærd.

Vagthunde omfatter Rottweilere, Mastiffs og Hovawarts.

Sociale hunde

Ledsagehunde blev avlet for at være en pålidelig ledsager for deres ejere. De er kendetegnet ved en stærk empati, som gør dem i stand til at aflæse deres ejers følelser og yde følelsesmæssig støtte. Det gør dem dog også meget følsomme over for negative stemninger og aggressioner, så du bør sørge for at være lige så empatisk over for en sådan hund som den selv er. Det, der ofte fører til adfærdsproblemer hos disse racer, er, at de er meget stærkt knyttet til deres ejer. Dette kan føre til separationsangst eller aggressiv beskyttelsesadfærd. Hvis du har en social hund, skal du derfor sørge for at vænne den til at være alene i en tidlig alder og være åben over for fremmede mennesker.

Racer, der hører til de sociale hunde, er f.eks. Havaneser, Malteser, Dværgpudler, Shih Tzus og Mops.

Gravhunde

Greyhounds er en særlig form for jagthund, der er blevet avlet til at kunne løbe ekstremt hurtigt. Da det er jagthunde, skal du være opmærksom på alle jagthundens særlige kendetegn. Desuden har disse racer en udpræget trang til at bevæge sig, hvilket du som ejer skal gøre retfærdighed til.

Blandt de såkaldte "hestehunde" findes f.eks. den irske ulvehund, whippet og greyhounds.

"Kamphunde"

Den kontroversielle betegnelse "kamphunde" dækker over hunderacer, der oprindeligt blev opdrættet til hundekampe. I mellemtiden er sådanne slagsmål blevet forbudt, og avlen er gået væk fra aggressiv adfærd. Det, der er tilbage, er visuelle kendetegn som f.eks. en kraftig bygning og et stærkt bid. Hvilke hunderacer der klassificeres som kamphunde, varierer fra stat til stat. Denne klassifikation er opdelt i tre niveauer. Niveau 0-racer kaldes kamphunde, men optræder ikke på nogen anden særlig liste. Niveau 1 omfatter racer, der er klassificeret som farlige. For at kunne holde en niveau 2-hunderace skal visse krav være opfyldt, da disse også betragtes som farlige.

Selv om avlen af såkaldte kamphunde for længst er ophørt med at fokusere på aggressiv adfærd, og hunde, der udviser aggression, endda bevidst udelukkes fra avl, bør du som ejer af en sådan race holde øje med eventuel aggressiv adfærd. Det kan ske, at en kamphund stadig har en tendens til aggression, men det kan modvirkes med målrettet træning.

Velkendte kamphunderacer er pitbull, bullterrier og dobermann.

Nu har du lært nogle eksempler på typiske adfærdsmønstre hos de enkelte hunderacer, og hvad du skal kigge efter hos disse racer. Men der er naturligvis også adfærd, som generelt forventes af alle hunde, og som bør læres i forbindelse med enhver træning. Disse omfatter husholdningsundervisning samt generelle "høflighedsregler", f.eks. at din hund ikke må hoppe på nogen og ikke må tigge ved bordet. I modsætning til uddannelse skal uddannelse konsekvent integreres i hverdagen. Der må ikke gøres undtagelser, da dette kun forvirrer hunden og forhindrer den i at internalisere de fastsatte regler.

UDDANNELSE - UNDERVISNING I KOMMANDOER

Under træningen træner du din firbenede ven til at forstå og følge bestemte kommandoer. Dette indebærer direkte kommunikation mellem dig og din hund. Den adfærd, der læres på denne måde, er altid en direkte reaktion på en kommando, som du har givet. Eksempler på dette er de klassiske kommandoer "Sit", "Ned" og "Kom her", som behandles mere detaljeret i det tredje kapitel. I træningen kan du bl.a. bruge de læringsformer, der er nævnt i kapitel 2.

I modsætning til træning, som skal foregå hele tiden og på alle tidspunkter, er der bestemte tidspunkter for træning. Træningstiden bør ikke være længere end ti minutter, da især unge hundes opmærksomhedsspændvidde ikke er særlig lang, og hunden skal nyde træningen. For hvalpe er det nok at træne i et til to minutter. Du skal også tydeligt signalere til din hund, at der nu er en træningssession i gang.

Beløn ham med sunde godbidder, og vær tålmodig. Hver hund lærer i sit eget tempo.

Hundetræning kan også gå videre og lære hunden et rigtigt arbejde. Hunde kan trænes til at være ledsagehunde, terapihunde, politihunde, redningshunde, vagthunde, førerhunde, søgehunde og meget mere. Hvis du har lyst til at gå videre med hundens træning end blot grundlæggende kommandoer, kan en sådan hundetræning være en mulighed. Du kan finde ud af, om det er noget for dig og din hund ved at tage "hundelicens" eller "snorelicens". Især i større byer anbefales det kraftigt at tage dette kursus. Den lærer hunden at gå pålideligt med og uden snor og at bevæge sig sikkert i det offentlige rum. Det er så at sige en mini-træning.

Hvis du finder ud af, at din hund nyder at tilegne sig viden, kan du overveje, hvilken træning der passer til din hund. Ikke alle racer er egnede til alle træningsfag. En førerhund til blinde skal f.eks. gennemgå strenge prøver for at bestemme dens karakter og fysiske krav, før den virkelig kan bruges. En sådan hund bærer nogle gange et stort ansvar og må ikke begå fejl i marken, og derfor er det ikke alle hunde, der er egnede. Der findes dog også uddannelsesfag med mindre strenge krav.

Uddannelse og undervisning kan også kombineres. Hvis du f.eks. ikke ønsker, at din hund skal jage katte, er det en del af hans opdragelse at lære ikke at reagere på denne stimulus og ikke at følge sit instinkt. Derudover kan du lære din hund en kommando, som får den til at stoppe op og vende sin opmærksomhed mod dig. På denne måde kan du råbe kommandoen "Stop!", hvis din hund alligevel forsøger at jagte en kat, og dermed undgå mulige farlige situationer.

FORHOLDET MELLEM MENNESKE OG HUND

Hvis du ønsker at tage en hund ind, er det sandsynligvis fordi du håber at få en trofast følgesvend, der kan ledsage dig i dit liv. Det vigtigste grundlag for en behagelig sameksistens med en hund er, at der etableres et godt forhold mellem menneske og hund. Da dette er af så stor betydning, bør alle medlemmer af husstanden være enige om at anskaffe hunden og aktivt samarbejde for at sikre, at samlivet bliver harmonisk. Dette omfatter også at erhverve den nødvendige viden og opføre sig derefter.

Den mest almindelige fejl, som folk begår, er nok, at de ikke ser hunden som en hund. Det er bestemt ikke med dårlige intentioner, og det ligger nogle gange i vores natur, men du gør hverken dig selv eller din hund nogen tjeneste, hvis du antropomorficerer det. Hunde har en meget anderledes forståelse af de fleste ting. En hund forstår ikke, når en regel "undtagelsesvis" tilsidesættes, og den får en bid af middagsbordet.

På den måde skaber du forvirring, som påvirker hundens tryghed negativt og i sidste ende forårsager mere skade, end den korte glæde ved godbidden kan kompensere for. Selvfølgelig forstår hunden heller ikke de komplicerede regler for høflighed i menneskelig kommunikation og bør ikke straffes for det. Dette foruroliger også hunden, fordi det virker vilkårligt og uforudsigeligt for den.

Du bør altid sørge for, at du gør din hund en stor tjeneste, hvis der er klare regler, som også overholdes konsekvent. Men du kan gøre endnu mere, for i modsætning til hunden, som ikke kan forstå den menneskelige verden i al dens kompleksitet, har du mulighed for at engagere dig i og forstå hundens sprog og verden. Hunde kommunikerer på deres helt eget sprog og meget mere intensivt og varieret, end de fleste mennesker ved. Kun den mindste del består af verbal kommunikation i form af gøen.

Kropssproget udgør den største del. Hunde bruger alle de muligheder, de har, til dette formål. De kommunikerer gennem deres ører, næse, kropsholdning, hovedets stilling, pelsen hæves og sænkes, blikket hæves og sænkes, selvfølgelig gennem halen og meget mere. Gør dig selv og din hund den tjeneste at studere hundesprog i detaljer, da det vil gøre kommunikationen meget lettere. Resultatet af god kommunikation er et godt og tillidsfuldt forhold. Prøv også at kommunikere på en måde, som hunden forstår. Mange mennesker har en tendens til at tale til deres hund, som de ville tale til et menneske, hvilket naturligvis ikke giver nogen mening. I stedet kan du bruge din tone og din kropsholdning til at give det ønskede signal og blive forstået af hunden.

Et godt forhold er imidlertid mere end gensidig forståelse. Det er allerede blevet nævnt, at pålidelighed og konsistens er yderst vigtigt. Du skal ikke føle dig skyldig, når du håndhæver en regel, men se det som en tjeneste, du gør hunden i det lange løb.

De andre tips er meget mere intuitive og også meget vigtige, hvis du ønsker, at din hund skal knytte sig til dig. Det er f.eks. logisk, at en venlig og kærlig tilgang får hunden til at føle sig godt tilpas og er med til at opbygge tillid til dig. Regelmæssig fysisk kontakt er også godt for jer begge. Det er ikke alle hunde, der kan lide at nusse, men de fleste hunde sætter pris på et godt nus. Faktisk har det ikke kun en positiv effekt på hundens fysiske og mentale sundhed at klappe og nusse en hund, men det har også vist sig at sænke blodtrykket hos mennesker og frigive lykkehormoner. Leg og udflugter sammen styrker også forholdet på lang sigt. At lege og engagere sig med hunden bør ikke kun ske af træningsmæssige årsager, men også for sjov. Selvfølgelig skal træning også være sjovt for begge parter, men der er helt andre forventninger til hunden, end når den bare boltrer sig rundt.

Det er naturligvis også meget vigtigt, at du altid har hundens behov for øje og opfylder dem. Sund mad, drikkevand og et behageligt sted at sove bør være en selvfølge, ligesom regelmæssige gåture og hvilepauser bør være en selvfølge.

Grundlæggende om forskellige Former for læring

Kapitel handler om forskellige former for læring. Det er vigtigt at vide, hvilke muligheder du har inden for uddannelse og træning, for det vil hjælpe dig med at finde den rigtige metode til dig og din hund. I forskellige vejledninger kan du finde alle mulige holdninger til de enkelte metoder, fordi hver hundetræner har sine egne idéer om, hvad der virker og ikke virker. Derfor finder du her en neutral liste over de forskellige metoder, så du kan danne dig din egen mening. Desuden er nogle metoder særligt velegnede til visse kommandoer. Forklaringen af hver metode er altid efterfulgt af et eksempel på en anvendelse.

Inden vi ser på de enkelte former for indlæring, er det imidlertid fornuftigt at se på hundens indlæringsadfærd generelt. Det er vigtigt at skabe de rette betingelser for alle former for læring. Hunden skal føle sig godt tilpas, og du skal også udstråle en positiv stemning. En generel følelse af tryghed er meget vigtig, fordi hunde under stress og pres kan opnå lige så lidt læringssucces som mennesker. Frygt eller endda smerte er et absolut tabu og hører ikke hjemme i forbindelse med hunde. Sørg også for, at uddannelsen kan finde sted i et passende miljø. Især i begyndelsen har hunden brug for et roligt, velkendt miljø uden forstyrrende stimuli. Andre kæledyr, små børn eller distraherende lyde som f.eks. et tændt fjernsyn hører ikke hjemme i træningsmiljøet, især ikke i begyndelsen. Din hund skal have lyst til at lære. Hvis du opdager, at du ikke kan nå ham i øjeblikket, og han tydeligvis er optaget af noget andet, nytter det ikke noget at tvinge ham til at træne. Men før du giver op, er det værd at forsøge at skabe den rette motivation. Få hunden til at interessere sig, og sørg for, at den nyder at lære noget nyt. Find ud af, hvad din hund især kan lide, og brug denne viden til at motivere den til at træne. Vær også opmærksom på, at hunde er intelligente væsener. Der opstår ofte misforståelser, når folk antager, at hunde ikke er så kloge, bare fordi de kommunikerer på en anden måde end mennesker. Men bare fordi en hund ikke taler menneskesprog, betyder det ikke, at den ikke har intelligens. Faktisk taler hunde et meget komplekst sprog, der primært er baseret på kropssprog. Dette sprog er meget mere udtryksfuldt, end mange mennesker er klar over. Dette alene beviser, hvor kloge hunde virkelig er. Desuden har disse dyr en højt udviklet følelsesmæssig intelligens. De er ekstremt empatiske og ved som regel endnu bedre end os mennesker, hvordan andre væsener har det lige nu. Hvor højt udviklet den logiske tænkning og evnen til komplekse tankeprocesser er, afhænger også af racen. Border Collies og dalmatinere er f.eks. kendetegnet ved en særlig høj intelligens, som du som ejer også skal yde retfærdighed til. Der er mange misforståelser, ikke kun om hundes intelligens. Det er en ofte tænkt kliché, at hunde kun er i stand til at lære nye ting op til en vis alder. Det er ikke sandt. Selv om træning i en ung alder helt sikkert kan have en god effekt, fordi du tidligt kan lære vigtige grundprincipper, som vil gøre den senere indlæringsproces lettere, fører dette faktum ikke nødvendigvis til den konklusion, at voksne hunde ikke længere kan lære noget. Selvfølgelig kan en voksen hund stadig lære det, ellers ville denne race være helt tabt i naturen. Hvad ville der ske, hvis en ældre hund mødte en fare, f.eks. en farlig anden art? Hvis den ikke var i stand til at lære nye ting, ville den risikere at komme i en sådan farlig situation igen og igen, selv om det kunne undgås, hvis den forstod, at der var en fare fra denne art. Så bare fordi voksne hunde er mindre let at forme end hvalpe, skal du ikke tro, at du skal opgive håbet. Alle hunde kan lære nye ting, og med den rette tilgang kan de det. Den rigtige tilgang omfatter også viden om, hvordan indlæringsprocesser fungerer hos hunde.

På den ene side er konteksten vigtig. Hvis en hund har en positiv eller negativ oplevelse, vil den forbinde denne oplevelse med andre stimuli, der påvirker den under oplevelsen. Hvis du ikke tager hensyn til konteksten, kan hunden få en uønsket adfærd. Dette sker ofte på gåture, f.eks. når hunden møder andre hunde af samme art. Ejerne har en tendens til at holde hunden i en meget kort snor, så snart den møder andre hunde. Hvis du trækker snoren tilbage og holder den kort, kan hunden føle et tryk fra halsbåndet eller selen eller endog smerte, hvis den trækkes for hurtigt tilbage. Resultatet er, at hunden forbinder synet af den anden hund med denne ubehagelige følelse og derfor gemmer andre hunde som noget negativt.

Desuden har hunde ikke evnen til at skelne. De generaliserer hurtigt en oplevelse. For at blive ved med eksemplet med pres i snoren ved mødet med en artsfælle, vil konsekvensen her ikke være, at hunden specifikt opfatter denne artsfælle som negativ, men at den generaliserer oplevelsen og i første omgang forbinder alle andre hunde med den ubehagelige følelse.

I de beskrevne læringsmetoder nævnes det igen og igen, hvor vigtigt det er, at du gennemfører træningen i små skridt. Især adfærd, der kræver særlig stor disciplin eller er vanskelig for hunden, fordi den har internaliseret en modsatrettet adfærd, skal læres trin for trin.

Hunde lærer ikke ved pludselig at se lyset og forstå, hvad de bliver undervist i. I stedet har de brug for mange gentagelser for at internalisere en adfærd. Vær derfor tålmodig med din hund. Hold træningssessionerne korte, og øv dig regelmæssigt. Det er sådan, hunde lærer.

CONDITIONING

Konditionstræning er nok den mest populære træningsmetode. Princippet går i princippet ud på at sammenkæde to begivenheder for hunden. Den første begivenhed er en bestemt stimulus, der kommer fra træneren. Det kan f.eks. være et signalord, et håndsignal eller en godbid, der tilbydes. Den anden begivenhed er hundens reaktion på dette særlige tegn. For eksempel er stimulus fra træneren den talte kommando "Sit". Den ønskede reaktion fra hunden i dette tilfælde vil være at sidde. Et simpelt, men effektivt princip, der ikke uden grund er meget populært.

Det er mindre kendt, at der findes to typer konditionering, klassisk konditionering og operant konditionering. Forskellen mellem disse to typer af konditionering er, om der udløses en bevidst eller ubevidst reaktion hos hunden. I tilfælde af klassisk konditionering er reaktionen ubevidst, mens den er bevidst i operant konditionering.

Klassisk konditionering

Princippet i klassisk konditionering er at fremkalde en automatisk reaktion hos hunden på en bestemt stimulus. Hunden har derfor ingen kontrol over, hvordan den reagerer, fordi stimulus er blevet internaliseret i en form, hvor den udløser en refleks.

En sådan klassisk konditionering finder ofte sted i hverdagen uden at være specifikt styret af ejeren. Måske har du allerede bemærket, at en hund begynder at savle, så snart du løfter skålen. Det sker, fordi han har forbundet løft af skålen med at blive fodret. Hundens krop reagerer ubevidst ved at producere spyt for bedre at kunne absorbere maden.

For at forklare, hvordan klassisk konditionering kan anvendes målrettet, er det nødvendigt at introducere nogle få begreber på forhånd.

Ubetinget stimulus: En ubetinget stimulus er en stimulus, der instinktivt fremkalder en bestemt reaktion. For eksempel begynder hunden automatisk at vrikke med halen, når du taler til den med en høj, venlig stemme. Eller han begynder at savle, når han lugter noget lækkert at spise. Den høje, venlige stemme og duften af lækker mad er begge ubetingede stimuli.

Ubetinget refleks: Den ubetingede refleks er en ukontrolleret reaktion på en specifik stimulus, som hunden ikke kan kontrollere. I forhold til de allerede nævnte eksempler er haleviften og savlen ubetingede reflekser.

Neutral stimulus: En neutral stimulus er et sanseindtryk, der ikke fremkalder en specifik reaktion. Hvis du f.eks. går hen til hundens skål, og hunden ikke forbinder denne handling med at blive fodret, vil den ikke begynde at savle. At røre ved skålen er derfor en neutral stimulus for hunden, som ikke forårsager en specifik reaktion.

Konditioneret stimulus: Formålet med klassisk konditionering er at skabe konditionerede stimuli. En konditioneret stimulus fremkalder en specifik reaktion, der er indlært gennem klassisk konditionering.

Konditioneret refleks: Den konditionerede refleks er en reaktion på en konditioneret stimulus. Denne refleks er ikke den instinktive reaktion på en stimulus, men skal læres kunstigt. Så hvis hunden f.eks. begynder at savle, når du bare går hen til dens skål, uden at den opdager lugten af mad, er det en betinget refleks.

Nu hvor de vigtigste begreber er klarlagt, kan vi fortsætte med et simpelt eksempel på klassisk konditionering af en hund.

Som allerede nævnt er det en ubetinget refleks, når en hund begynder at savle ved lugten af noget spiseligt. Vi forsøger nu at gøre denne ubetingede refleks til en betinget refleks. For at gøre dette har du brug for en neutral stimulus, som du ved hjælp af træning forvandler til en konditioneret stimulus. Den neutrale stimulus kan f.eks. være ordet "mad". Så længe hunden ikke forbinder noget med dette ord, vil det ikke forårsage en reaktion. Det er dog muligt at forbinde stimulus af lugten af mad med signalordet "mad". Når du stiller noget frem, som hunden skal spise, skal du sige ordet "mad", når du stiller noget frem til hunden. Dette vil få hunden til at forbinde signalordet med lugten af mad og fra nu af begynde at savle, når den hører ordet "mad", selv om den ikke kan lugte mad. Så den neutrale stimulus er blevet en konditioneret stimulus. Den ubetingede refleks til at savle er blevet en betinget refleks.

Operant konditionering

Operant konditionering kaldes også instrumentel konditionering. I denne proces lærer hunden bevidst at reagere på en stimulus, som du sender. I modsætning til klassisk konditionering kan han selv bestemme, om han vil reagere på den ønskede måde. Operant konditionering, snarere end klassisk konditionering, er således en form for kommunikation mellem dig og din hund. Hunden beslutter sig bevidst for at reagere på en bestemt måde. Det betyder naturligvis, at han også kan beslutte ikke at reagere. I tilfælde af operant konditionering er der desuden flere grader, der bestemmer, hvor sandsynligt det er, at hunden vil udvise en bestemt adfærd.

Også i tilfælde af operant konditionering starter vi med et eksempel på konditionering, der kan finde sted utilsigtet. Et velkendt eksempel er gøen. Lad os antage, at din hund gøer efter dig en gang imellem og på den måde forsøger at tiltrække din opmærksomhed. Hver gang du reagerer på gøen på den måde, som hunden ønsker, forstærker du adfærden. Sandsynligheden for, at hunden vil bruge gøen som et middel til at få opmærksomhed, øges.

Der er også et par tekniske termer inden for operant konditionering, som du helt sikkert bør kende.

Positiv forstærkning: Ordet "positiv" i forbindelse med operant konditionering betyder, at der tilføjes en stimulus. Ved positiv forstærkning følges hundens adfærd op af en reaktion, som er behagelig eller ønsket af hunden. Så hvis hunden f.eks. gøer og bliver beroliget med venlige ord som svar, er det positiv forstærkning, og hunden vil udføre denne adfærd oftere.

Positiv afstraffelse: Positiv afstraffelse er en reaktion på en adfærd, der er ubehagelig for hunden. Da hunden ikke ønsker at fremkalde den ubehagelige reaktion igen, vil den være mindre tilbøjelig til at udvise den uønskede adfærd. Så hvis hunden f.eks. har tendens til at tygge på sko, og din reaktion er at straffe den med et klart og bestemt "Nej!", vil det resultere i, at den med tiden sjældnere tygger på sko.

Negativ forstærkning: Ordet "negativ" betyder i forbindelse med operant konditionering, at en stimulus fjernes. Ved negativ forstærkning forstærkes hunden i en bestemt adfærd ved at fjerne en negativ stimulus. Det er f.eks. nyttigt, når du øver dig i at gå i snor. Hvis hunden ikke går ved siden af dig som ønsket, kan du stoppe som svar og holde snoren stramt, indtil hunden holder op med at trække i snoren. Først derefter skal du slappe af med snoren, så den negative stimulans for hunden forsvinder.

Negativ afstraffelse: Ved negativ afstraffelse fratages hunden en positiv stimulus. Da hunden ikke ønsker, at den positive stimulus skal forsvinde, vil den forsøge at opføre sig på en måde, der bevarer den i fremtiden. Hvis hunden f.eks. bliver for vild under legen, kan du afbryde legen og dermed fratage den den positive stimulans, som det er at lege sammen.

Nu kender du også de vigtigste begreber inden for operant konditionering, og vi kan fortsætte med det eksempel, der blev givet i begyndelsen.

Så din hund gøer, fordi den ønsker at få din opmærksomhed på den måde. Du kan bruge operant konditionering til at reagere på fire forskellige måder. Hvilken reaktion der er bedst, afhænger af situationen, og hvilken metode der er bedst for dig og din hund individuelt. Du har den positive straf- og forstærkningsmetode og den negative straf- og forstærkningsmetode. I tilfælde af en gøende hund, der ønsker at få din opmærksomhed, kan du bruge et såkaldt snudegreb i form af positiv straf. Dette indebærer, at du kortvarigt placerer håndfladen mellem din pegefinger og tommelfinger på hundens snude. Hvis du i stedet ønsker at reagere med positiv forstærkning, skal du vente på et øjeblik, hvor hunden ikke gøer, fordi du så at sige ønsker at forstærke "ikke gøen". Så hvis hunden holder op med at gø, skal du rose den med en rolig stemme. Det er vigtigt, at du konsekvent ignorerer ham i forvejen og ikke reagerer på hans gøen på nogen måde. Negativ forstærkning betyder i dette tilfælde, at du reagerer på præcis den modsatte måde af det, hunden ønsker, dvs. at du bevidst ignorerer den, indtil den er holdt op med at gø. Det er ikke alle fire metoder, der kan anvendes i alle tilfælde. Negativ straf er f.eks. ikke egnet i dette tilfælde.

TILVÆNNING

Udtrykket "tilvænning" stammer fra det latinske ord "habitus" - holdning. Ordet habitus kan også oversættes med "tilvænning". Denne indlæringsmetode går grundlæggende ud på at vænne hunden så meget til en bestemt stimulus, at den ikke længere reagerer lige så stærkt eller slet ikke reagerer på den. Dette gøres ved at udsætte hunden for stimulus ekstra ofte, så den bliver mindre og mindre interessant. Det modsatte af tilvænning er "sensibilisering", en anden indlæringsmetode, som forklares nærmere under næste punkt. Disse to metoder hører til de ikke-associative undervisningsmetoder, hvor hunden gentagne gange udsættes for en stimulus, og hvor der skal opnås en bestemt indlæringseffekt ved at konfrontere hunden med stimulus. Habituation anvender ikke belønningsmekanismer som f.eks. at fodre med godbidder. En ulempe ved tilvænning er, at tilvænning til en stimulus kun opretholdes permanent, hvis hunden regelmæssigt udsættes for stimulus. Hvis stimulus ikke er til stede i et stykke tid, mindskes tilvænningen, og hunden reagerer stærkere igen. Derfor bør du nøje overveje, for hvilke stimuli du vælger habituering som indlæringsmetode. For indtryk, der alligevel altid påvirker hunden, og som den permanent eller meget regelmæssigt udviser en uønsket adfærd over for, er det en meget velegnet metode. Et godt eksempel er hunden, der jager enhver forbipasserende bil, eller en hund, der gøer efter enhver gående fra sin egen have.

Lad os tage et konkret eksempel: Du har en angst hund, der er så skeptisk over for fremmede, at den gøer efter dem. Ved tilvænning er det vigtigt at vænne hunden gradvist til stimulansen og ikke yderligere forurolige den ved at gå for hurtigt frem. Start med at udsætte hunden for en svækket form af stimulus. Bed f.eks. en nabo om at gå forbi på den modsatte side af vejen. Han bør ignorere hunden indtil videre. På denne måde vil hunden indse, at der ikke er nogen akut fare fra den fremmede. Du kan forstærke stimulansen ved at lade rollatoren komme tættere og tættere på dig. Endelig kan han også hilse på hunden og søge direkte kontakt med den. Det sidste skridt bør være at gå direkte hen til hunden og røre ved den. Et generelt gyldigt tip til at klappe hunde er, at du bør undgå at nærme dig dem ovenfra med hånden. Søg i stedet kontakt fra siden, så er der ingen risiko for misforståelser mellem dig og hunden.

SENSIBILISERING

Som allerede nævnt er sensibilisering modsætningen til tilvænning. Strengt taget er det en indlæringsmetode, men målet bør her snarere være at modvirke indlæring gennem sensibilisering, f.eks. ved at anvende vanesituationen. Når man bruger vanesituationen, er der desuden risiko for, at der i stedet opstår sensibilisering, f.eks. hvis hunden udsættes for stimulus for pludseligt. Den trinvise tilgang er meget vigtig, da det ellers kan medføre enorm stress for hunden.

Et eksempel på sensibilisering kan ses hos en hund, der reagerer meget kraftigt på en bestemt lyd. Mange hunde bliver f.eks. stressede af dørklokken. Jo oftere hunden hører ringningen, jo mere stress føler den og dermed intensiteten af dens reaktion. Prøv at forbinde den stimulus, som hunden er følsom over for, med noget positivt. Bed f.eks. en anden person om at ringe på døren med vilje og beløn din hund med en godbid eller en anden positiv stimulans samtidig. Med tiden kan hunden lære, at der sker noget stort, når det ringer på døren, og den mister sin frygt for lyden.

EFTERLIGNINGSTRÆNING

Imitationstræning er en social form for indlæring, hvor tilstedeværelsen af artsfæller er meget nyttig, men ikke absolut nødvendig. Det indebærer, at hunden observerer en adfærd hos en plejer eller en anden hund og lærer af den. Det er en meget naturlig adfærd, at interessen for noget øges, når en anden person er involveret i det. Du kan drage fordel af dette. Hvis din hund f.eks. er bange for en genstand, ville det være en form for imitationstræning, hvis du beskæftiger dig med denne genstand og dermed vækker dens nysgerrighed. Nysgerrighed kan så føre til, at hunden overvinder sin frygt og bliver præsenteret for genstanden. Du kan derefter kombinere efterligningstræning med tilvænning og gradvist vænne hunden til at komme i kontakt med genstanden.

Hvis du har mulighed for at inddrage en anden hund i træningen, kan du bruge imitationstræning, en form for efterligningstræning.

Princippet går ud på, at din hund observerer en ønsket adfærd hos en anden hund og derefter efterligner den. Du kan f.eks. prøve at introducere din hund til en ukendt mad, som den hund, du har bragt ind, spiser uden problemer. På denne måde kan din hund se, at en anden hund synes at smage maden fremragende, og derfor er det mere sandsynligt, at den også tør prøve den. Det er også en god måde at bekæmpe frygten for visse situationer på. Hvis en bange hund er sammen med en rolig hund i en situation, der forårsager negative reaktioner hos den bange hund, kan den bange hund observere, at den rolige hund tydeligvis ikke opfatter situationen som farlig. Det kan hjælpe ham til at indse, at han ikke behøver at være bange.

Forståelse af hundesprog

At samlivet kan fungere, og for at mennesker og hunde kan være lykkelige, skal kommunikationen fungere så gnidningsløst som muligt. Da det er usandsynligt, at din hund kan lære menneskesprog, er det op til dig at forstå hundesprog. Hunde kommunikerer faktisk meget klart, hvis du forstår at fortolke samspillet mellem ansigtsudtryk, gestikulationer og kropssprog korrekt. Det er ikke kun nyttigt, når du har med din egen hund at gøre, men også for at kunne vurdere fremmede hunde på et tidligt tidspunkt.

Herunder kan du lære, hvordan hunde kommunikerer de vigtigste følelser gennem kropssprog. Du skal dog være opmærksom på, at hunde er individuelle. Hver hund har sine egne karakteristika, også hvad angår kommunikation. Derudover er der også racetypiske måder at kommunikere på, som du bør orientere dig om. Du vil bemærke, at nogle signaler virker selvmodsigende eller kan have flere betydninger. For at kunne fortolke hundesprog uden fejl skal du kende din hund meget godt og allerede have opnået en vis erfaring i at håndtere hunde. Foreløbig er det nok at have hørt eller læst disse første grundprincipper mindst én gang. Resten vil komme med tiden.

De adfærdsmønstre, der beskrives nedenfor, og som opstår i forbindelse med hver enkelt følelse, behøver ikke alle at forekomme sammen. Alle hunde kommunikerer forskelligt og bruger forskellige dele af kroppen særligt hyppigt i deres kommunikation.

GRUNDLÆGGENDE KENDSKAB TIL TRÆNING AF HVALPE

For at opdrage en hvalp ordentligt har du brug for en vis viden, som du nu vil lære. Især i begyndelsen kan du gøre mange ting forkert, hvilket vil få store konsekvenser for dit fremtidige liv med din nye ven. Derfor skal du tage dig god tid, og du skal ikke være bange for at søge professionel hjælp, hvis du ikke kan komme videre.

De første uger

Nu er tiden kommet, og du har valgt en lille hund fra en velrenommeret opdrætter. Selvfølgelig venter der et hyggeligt hundetæppe i et roligt hjørne på ham i hans nye hjem, og en kasse med legetøj er klar til at lege med. En veltilpasset sele og snor er også klar til de første udflugter. Men hvordan vil din nye ven reagere på de nye omgivelser? Husk, at du nu adskiller ham fra sin mor og sine kuldkammerater, og at der begynder et helt nyt liv for ham.

Den lille hvalp vil sandsynligvis være bange og stresset i starten. Måske vil han også hyle under hele køreturen hjem. Derfor bør du sørge for, at dit hjem er roligt og afslappet, når du ankommer. Når du er kommet hjem, skal din hund først finde sig til rette. Vis ham roligt sin plads og sit spisekammer, og lad ham løbe rundt på egen hånd og snuse til alting. Derefter kan du tilbyde den sit første måltid i sit nye hjem.

Hvis det er muligt, skal du give din hvalp det samme foder, som den fik fra opdrætteren. En ændring bør ske senere og ikke pludseligt. Det vil være betryggende for din hvalp, hvis han ved, hvornår han får mad. Så sæt tidspunkter og lad en rutine udvikle sig. Opdel den daglige ration i fire måltider.

Hvis du er heldig, vil din lille ven hurtigt finde sig til rette, men du kan også få nogle søvnløse nætter, fordi han savner sin mor og sine søskende og derfor klynker meget.

Det kan være tilrådeligt at bruge en hundekasse de første par nætter. Placer den på en sådan måde, at din hund kan se og lugte dig. På denne måde kan han dog ikke løbe ukontrolleret rundt i lejligheden og gøre skade på sig selv. Frem for alt vil dine møbler blive skånet.

Især de første dage og uger i et nyt miljø vil præge din lille hund. Hvis det er muligt, må du ikke lade ham være alene i lang tid, for så udsætter du ham for en stor stresssituation. Han kan udvikle en frygt for at være alene og begynde at ødelægge dine møbler eller andre genstande. Hvis det senere er uundgåeligt, at din hund skal være alene om dagen, fordi du skal på arbejde, skal du forberede den langsomt på dette.

At lege sammen er også en del af opdragelsen af en hvalp og fremmer båndet mellem jer to. Her er de første regler allerede fastlagt og skal følges.

Væn din hvalp tidligt til fremmede lyde. Det kan f.eks. være dørklokken eller hårtørreren. Han skal lære alt, hvad der foregår i lejligheden og omgivelserne at kende, så han ikke behøver at frygte noget.

Tag ham ofte med udenfor, så han lærer forskellige overflader at kende og møder andre væsner.

Du bør også vænne din lille hvalp til at køre i bilen på et tidligt tidspunkt. Senest når den skal til dyrlæge første gang, skal den køre med dig i bilen.

Begynd også med det samme at pleje osv. med det samme. Lad din veninde vide, hvordan det er at blive rørt fra top til bund af dig, og at det ikke er slemt.

Hver enkelt person i din husstand bør knytte bånd til det nye familiemedlem. Sørg for, at alle bruger tid på at fodre hvalpen, tage den med udenfor eller børste dens pels.

Enhver handling, uanset hvor lille den er, skal belønnes. Din lille ven lærer bedst gennem sådanne positive oplevelser.

Kropssprog: Forstå hundens sprog

Din hund kan fortælle dig mange ting gennem sin kropsholdning. Men den bliver som regel misforstået, og problemer og konflikter er derfor forudprogrammerede. Men hvad menes der med hundens kropssprog? Denne viden vil blive formidlet til dig i det videre forløb af denne vejledning.

En hund kan og vil bruge hele sin krop til at kommunikere med os mennesker eller endda med artsfæller. En hunds kropssprog består af fire niveauer. Der er tale om akustiske signaler som f.eks. gøen, hylen eller klynken, efterfulgt af gestikulationer og ansigtsudtryk. I gestikulationer bruges ørerne og halen, og i ansigtsudtryk spiller øjnene og munden en vigtig rolle. Sidst men ikke mindst tilføjes kropsholdning. De ikke-verbale signaler kombineres for at frembringe det budskab, som hunden ønsker. Gøen kan tilføjes, men behøver ikke at blive tilføjet.

Du tror helt sikkert, at du forstår din firbenede ven og kan se, hvad han vil have af dig. Som regel vil det være tilfældet, men der er øjeblikke, hvor du vil være usikker, især hvis du lige har taget din hund med til dig. For at undgå dette er det vigtigt at vide et par ting om hundens kropssprog.

Hvad ønsker din hund at fortælle dig?

Hvis du kun har haft din firbenede ven i kort tid, kan det være svært at afkode, hvad din hund forsøger at fortælle dig ud fra sit kropssprog. Men bare rolig, med tiden vil du forstå dit kæledyr bedre og bedre.

Når din hund vifter med halen, har det som regel en positiv betydning. Frem for alt udtrykker den glæde. Se, hvordan din hund reagerer, når du kommer hjem efter en arbejdsdag. Løber han hen imod dig og vifter med halen? Din firbenede ven er meget glad for endelig at se dig igen og vifter derfor udførligt med halen. Det gør han også, når du holder hans snor i hånden og vil gå en tur med ham. Din hund vil se frem til dette og vil også vrikke med halen. Men det kan også være en invitation til at lege. Også her udtrykker det glæde og forventning til spillet.

Sidder din firbenede ven foran dig og kigger på dig med halen, der roligt vifter frem og tilbage? Han fortæller dig, at du har hans fulde opmærksomhed lige nu og forventer det samme af dig. Din hund ønsker, at du skal lege med den og engagere dig i den.

Selv hvis din hund står foran dig og strækker sine forben langt fremad, er det en invitation til at lege. Dette kaldes en *"front down"*-*stilling*. Denne stilling ledsages af en glad hale, der vifter og måske gøes. Din hund vil have din fulde opmærksomhed. Med denne adfærd vil din skat også signalere til andre hunde, at han er i humør til at lege meget med andre hunde lige nu.

Din skat kan også "fortælle" dig, når han er mistænksom. Hvad gør du, når du ikke forstår noget? Det er rigtigt! Din pande rynker, og du må tænke dig om. Din hund gør det samme. Hans pande rynkes, hans øjne får et mistænksomt, usikkert udtryk, og hans kropsholdning stivner. Giv ham lidt tid til at finde sig til rette, og hvis det er nødvendigt, skal du forsigtigt introducere ham til den ukendte situation, så han kan slippe sin usikkerhed.

Din hund sidder foran dig og gaber voldsomt. Det kan være et tegn på træthed, men som regel er det mere hans egen usikkerhed, som dit kæledyr giver udtryk for. Det kan f.eks. ske, når du ønsker at forlade huset, og din firbenede ven ikke er sikker på, om han må gå med dig. Han føler sig usikker og forventer et klart tegn fra dig om, hvad der skal ske nu. Ved at gabe beroliger din hund sig selv og reducerer dermed den stress, der er begyndt at ophobes.

Har du nogensinde observeret din firbenede ven gå frem og tilbage rastløst og nervøst? Dette er en anden måde, hvorpå din hund udtrykker usikkerhed: Han forstår ikke, hvad der sker. Noget er anderledes end det, han er vant til. Din hund vil gerne finde ud af, hvad det er, og det fører til denne adfærd. Hvis du ved, hvad årsagen kan være, skal du præsentere din hund for denne situation med tålmodighed og vise den, hvad der er anderledes. Det er den eneste måde, hvorpå dit dyr kan finde fred igen.

Hvis din hund holder øje med sine omgivelser med ørerne pegende fremad, er den meget opmærksom lige nu. Måske har han hørt en ukendt lyd, eller en fremmed person er på vej ind på ejendommen. Din firbenede ven kigger i alle retninger og vil være meget anspændt, fordi han ikke ved, om der er fare eller ej. I denne situation skal du lade den se sig roligt omkring, så du ikke skræmmer den; din hund vil hurtigt falde til ro igen, når den har erkendt situationen.

En mulig frygt kommer til udtryk, når din hund bliver ved med at kigge sig omkring, og et bekymret udtryk er synligt i dens blik. I en sådan situation klemmes halen normalt fast mellem bagbenene. Her fortæller dit dyr dig, at det føler frygt og ønsker at forlade stedet. Du bør følge dette råd, da din hund ellers kan blive overvældet af situationen og begynde at bide, fordi den ikke ved, hvordan den skal hjælpe sig selv. Lad det aldrig komme så langt. Læs venligst kapitlet "Hunden bider... hvad nu?

Hvis din hund står med bøjede ben, med halen trukket ind mellem bagbenene og med buet ryg, kan du også se, at den står med bøjede ben. Ørene er flade og lavt siddende. Dit dyr har brug for din hjælp, men du må ikke røre det i denne situation. Få et overblik for at se, hvad der er sket. Hvis du kan løse det farlige øjeblik for din firbenede ven, vil han falde til ro.

Defensiv frygt er også en mulighed. Tegnene på dette er en hævet rygpels, en indadbukket hale og knurren. Det er muligt, at din hund ønsker at gemme sig et sted, hvor det er sikkert for den at undslippe situationen. Lad ham gøre det, og kom ikke tæt på ham, for han kan bide af frygt. Prøv i stedet at finde ud af, hvad der udløste frygten, så du kan undgå denne konfrontation i fremtiden.

Hvis din hund indtager en stiv stilling og vender blikket væk fra dig, har den et problem med den aktuelle situation. Han er sandsynligvis klar over din tilstedeværelse, men ønsker ikke at være tæt på dig. Respekter dette ønske og prøv at løsne op for den herskende situation så hurtigt som muligt.

En ekstremt aggressiv hund vil stå foran dig og gø og knurre. Det ser ud, som om den kan springe på dig når som helst. Øjnene er kun halvt åbne og viser et "ondt" blik. Sørg for at holde afstand og forsøge at undslippe situationen ved at bevæge dig langsomt, da det ellers ikke kan udelukkes, at der er tale om et bid.

Din firbenede ven ligger strakt ud foran dig? Du skal ikke være bekymret, for han er helt afslappet og afbalanceret. Han indtager denne stilling især efter en begivenhedsrig dag.

Læs nu igen et kort resumé af de mulige signaler fra hunden:
Signaler, der kræver afstand og truende bevægelser, omfatter f.eks. blottede tænder, et skuespilangreb, snapping, knurren og gøen. En forhøjet rygpels er også en del af dette. Formålet er at få den anden hund til at føle sig utilpas, at holde den på afstand eller at drive den væk.

Venlige signaler kan være at blinke, smække eller gabe. Et "smil" eller slikkeri over munden er også en del af det. En venlig hund vil også vise en let, rolig halevipning.

Menneskets kommunikation med hunden

Det er naturligvis også meget vigtigt, at din hund forstår dig og dermed kan genkende det, du vil sige eller kommunikere til den. En hund kan skelne mellem ca. 150 forskellige ord, men tonen i stemmen spiller en meget vigtigere rolle.

Brug f.eks. en lav, knurrende stemme, når du ønsker at holde en hund på afstand. Lave toner afspejler en negativ aura. Så du bør bruge dette tonefald, når du skal irettesætte dit dyr, for det er sådan, du formidler din autoritet. Du bør altid give din hund besked, hvis den opfører sig korrekt eller gør noget forkert, men du bør aldrig råbe eller råbe ad din hund. Det er tilstrækkeligt at irettesætte med normal lydstyrke, for "tonen gør musikken". Hvis dit kæledyr følger din irettesættelse, er det passende at rose det, så det ved, at det har handlet til din tilfredshed.

Bløde lyde kræver derimod din hunds opmærksomhed. Han vil søge øjenkontakt og spidse ører. Hvis du vil rose og opmuntre din firbenede ven, skal du gøre det med en høj, jævn opmuntrende stemme. Undgå dog at tale konstant til dit kæledyr, da det hurtigt vil blive ignoreret, og hunden vil "gå i overdrive".

Nu er det på tide, at du lærer din hund nogle kommandoer. I det mindste er de grundlæggende kommandoer vigtige, så du kan føre dit dyr sikkert uden for din ejendom. "Sit", "Down", "Stay" og "Off" er de mest almindelige kommandoer, som enhver hund bør kende. Øv dig i disse kommandoer med din firbenede ven på et tidligt tidspunkt, helst som hvalp. Husk, at når du har givet en kommando, skal du også annullere den, ellers vil din hund selv bestemme, hvornår den skal rejse sig op igen efter kommandoen "Ned" f.eks. Masser af ros, motivation og frem for alt tålmodighed vil føre til succes.

Husk dog altid, at din hund ikke tænker som dig. Du er udfordret her og skal først og fremmest lære at forstå din skat, for hunde kommunikerer gennem deres adfærd og ikke med sproget. Du skal have forståelse for dyret og en masse tålmodighed. Motivation, ros og koncentration er også påkrævet. På den anden side skal du undgå følelser som vrede, raseri, utålmodighed og mangel på forståelse fra din side. Det ville kun vise din egen hjælpeløshed og hører slet ikke hjemme i forbindelse med en hund. Din hund mærker din negative holdning og vil reagere med usikkerhed og måske endda frygt.

Hvis du nu vil begynde at kommunikere med din hund, fordi du vil lære den noget, skal du først og fremmest få dens fulde opmærksomhed. Sørg for, at din firbenede ven er koncentreret, ellers vil han ikke være modtagelig. Det er en fordel, hvis han allerede lytter til sit navn. Som allerede nævnt kan hunde forstå mange forskellige ord. Det ville dog være godt, hvis du stadig "taler" meget med din krop, da hunde primært kommunikerer via kropssprog. Du skal kunne definere og kommandere alt det, du vil lære din hund, med et kort ord. Det giver god mening at medtage en bestemt håndbevægelse her, fordi hunde kommunikerer via deres krop. Du kan f.eks. ledsage kommandoen "Bliv" med en udstrakt arm, hvor din håndflade peger mod hundens hoved.

Du må ikke blive overivrig, selv om du har en fornemmelse af, at din hund vil lære det hurtigt. Her kan det modsatte ske, og dit kæledyr vil hurtigt blive overvældet. Det er bedre at gentage en øvelse, indtil din hund kan udføre den uden at begå fejl. For at undgå kedsomhed er det muligt at øge sværhedsgraden i mindre omfang. Nu kan du starte en ny træning. Fra tid til anden bør du gentage alle de øvelser, du har lært indtil nu, en efter en, så din hund ikke glemmer dem. Og tænk altid på en belønning for en vellykket udførelse af dine kommandoer.

Og hvordan taler din hund til dig?

Din hund kan kun kommunikere med dig gennem sin udtryksmæssige adfærd. Derfor er det så vigtigt, at du kan tolke dit kæledyrs kropssprog korrekt. En bestemt adfærd eller et bestemt adfærdsmønster er udtryk for et bestemt behov. Men det er bestemt ikke kun ét ansigtsudtryk eller én gestus, der vises, men flere kombineres med hinanden. Nogle gange kan der naturligvis også tilføjes et gøen, klynken eller klynken. Det kan gøre det lidt nemmere for dig at forstå dit dyr. Hold godt øje, så du i fremtiden altid ved, hvad din hund forsøger at fortælle dig.

Hundens udtryksmæssige adfærd

Hunde har talent for at kommunikere lydløst i deres omgivelser. På nært hold foregår kommunikationen mest gennem ansigtsudtryk, mens der bruges fagter på længere afstande. Men gøen er heller ikke forsømt og har meget forskellige betydninger.

Hunde bruger først og fremmest gestikulationer og ansigtsudtryk til at undgå konflikter med andre hunde eller andre levende væsener. På denne måde kan man sætte grænser fra starten og undgå større konfrontationer ved at fastlægge rækkefølgen i en gruppe af hunde.

Men du har helt sikkert også genkendt et eller to ansigtsudtryk eller gestikulationer hos din firbenede ven og ved, hvad han tænker på i øjeblikket. Måske har han allerede givet dig et "uskyldigt blik" i stil med "Jeg har ikke gjort noget, jeg er så uskyldig". Du kigger rundt om hjørnet og ser, at hele indholdet af papirkurven ikke blot ligger spredt på gulvet, men også er blevet splittet i små stumper og små stykker. En anden mulighed er et lidt forvirret, måske endda medlidende blik fra din hund. Det næste, du bemærker, er, at hundens seng er optaget af katten, som ikke gør nogen som helst anstrengelser for at rydde den. Eller måske har katten spist din hunds mad, og han har ikke turdet stoppe det.

Du kan "aflæse" alle sådanne hændelser i dit dyrs ansigtsudtryk, uden at det siger en lyd. Nogle gange er det desværre først bagefter, at vi finder ud af, hvad et bestemt signal betød.

Så du kan se, at din hund kan fortælle dig meget gennem sin adfærd. Men du skal lære at forstå det. I det følgende præsenteres de forskellige kommunikationsformer, og deres betydning forklares. Som ejer og tillidsrepræsentant for dyret skal du altid være opmærksom på kroppens signaler og reagere i overensstemmelse hermed. Kun på denne måde er det muligt at skabe en harmonisk sameksistens mellem mennesker og hunde.

HVALPENS GESTIK OG ANSIGTSUDTRYK

Det kan være meget spændende og interessant at fortolke hundens kropssprog. Det giver dig mulighed for at vurdere din hund i forskellige situationer og for at handle forudseende. Faglitteratur indeholder tilstrækkeligt med materiale om emnet, eller du kan besøge en hundeskole, hvor du får undervisning og kan blive beroliget igen og igen.

Hunden har ingen aggressive træk, men er meget klog, sød og altid klar til at lære nye ting. Af disse grunde er det ikke særlig vanskeligt at træne denne race. Som med alle andre hunde bør man sørge for, at den har regelmæssig kontakt med andre hunde. En god socialisering er ekstremt vigtig. Når han er flyttet ind i sit nye hjem, skal han kærligt integreres i den daglige rutine og introduceres til de andre dyr, der bor i huset, og til børnene. Det er vigtigt for hans udvikling, at han for det meste har gode oplevelser. Den tid, du bruger på dit nye kæledyr, vil betale sig senere.

Hvalpe har en række forskellige bevægelser for at gøre sig bemærket - ikke kun - blandt deres jævnaldrende. De er ikke kun gode til fagter og kropssprog, men også til ansigtsudtryk, som de bruger til at kommunikere med andre hunde. På denne måde viser de, at de er sultne, bange eller kræver hengivenhed.

Hvis den lille hund stadig ser stift i én retning, og pupillerne er indsnævrede, er det en truende gestus. I hundeverdenen taler man også om det såkaldte "onde øje". Det betyder, at hunden ikke ser "ren" ud, og at den kan bide uden varsel.

Hvalpen opbygger især sig selv: Hvis hvalpen føler sig særlig modig eller viser aggressive sider, vil den opbygge sig selv og gøre sig stor. Herefter rejses ører og hale. Han vil sikkert stikke brystet frem og få hårene til at rejse sig i nakken og på ryggen. Han kan også vrikke forsigtigt med halen, når han knurrer - et tegn på usikkerhed.

Hvalpen gør sig meget lille: Hvis en hund er underdanig, gør den sig så lille som muligt for at ligne en hvalp. Hans håb er, at hans modpart vil lade ham være i fred, for voksne hunde vil f.eks. irettesætte hvalpe, men aldrig angribe og bide dem. Når hvalpe er underdanige, krøller de sig normalt sammen sidelæns på gulvet, holder halen meget flad og vifter forsigtigt med den. Nogle gange vil de forsøge at slikke den overlegne hund eller den person, der tager sig af dem, i ansigtet. I mere ekstreme situationer kan de lægge sig helt på ryggen og blotte deres hals.

Billede 1: Hvalpen gør sig meget lille.

At vrikke med halen tolkes ofte som et tegn på venlighed og glæde. Men overdreven viftning er ofte blevet observeret hos underdanige hunde. Så det at vrikke kan også have flere betydninger:

Hvis hunden vifter langsomt, og halen er relativt stiv, er hunden vred. Hvis halen er trukket ind mellem bagbenene, er det et tegn på frygt. Urolige eller nervøse hunde holder undertiden halen nede og vifter kun antydningsvis med den.

Det er forskelligt fra race til race, hvordan hunde bærer deres hale. Generelt kan man sige, at en hale, der er i en vinkel på mere end 45 grader i forhold til ryggen, repræsenterer årvågenhed og interesse.

En hvalps **ansigt og ansigtsudtryk** kan afsløre en masse om dens sindstilstand. Er hvalpen bange? Er han spændt? Har han lyst til at spille? Disse og andre følelser kan genkendes og reageres på ansigtsudtrykket. Hvis ørerne peger fremad, betyder det, at hvalpen er opmærksom og lytter. Hvis ørerne derimod er flade mod hovedet, kan det både være udtryk for glæde og frygt. For at kunne "læse" stemningen korrekt skal du være opmærksom på andre tegn og sætte dem ind i en fælles sammenhæng.

Hvis du ser, at øjnene kun er lidt lukkede, er det normalt et tegn på glæde eller accept af, at du er "flokleder". Men hvis øjnene er vidt åbne, er hvalpen opmærksom og i "alarmberedskab". Naturen har arrangeret det sådan, at hunde, når de møder hinanden og bestemmer hierarkiet indbyrdes, ser hinanden i øjnene, indtil den svageste giver op og trækker sig tilbage. Hundeeksperter anbefaler også denne form for adfærd i forbindelse med hvalpetræning: I en urolig situation skal du se på hvalpen, indtil den bryder væk fra blikket og trækker sig tilbage.

FRYGT

Det er især vigtigt at opdage en angstfuld hund i god tid. Det gælder både for fremmede hunde og for din egen. Du er ansvarlig for at fjerne din hunds frygt og give den en følelse af tryghed. Hvis du kan se, at en fremmed hund er bange, kan du reagere i tide, for frygt kan hurtigt blive til aggression.

En bange hund trækker halen ind mellem bagbenene og går i en sammenkrøbet stilling for at gøre sig så lille som muligt. Dette resulterer ofte i en pukkelryg, eller hunden skifter frem og tilbage mellem forskellige stillinger tilsyneladende uden grund. Hvis hunden ikke dukker sig helt ned, er det også muligt, at det kun er bagbenene, der bøjer lidt indad. Frygtfulde hunde vender ofte hovedet væk fra kilden til fare for at vise, at de ikke er en trussel. Ørerne er som regel trukket op, og pelsen på ryggen er strithåret, især når hunden laver en pukkel. Med ørerne tilbage, virker øjnene særligt store, og blikket vandrer uregelmæssigt rundt. Der er tegn på passiv trussel, hvor en bange hund viser sine fortænder lidt frem. Desuden søger frygtsomme hunde ofte ly bag en plejer.

AGGRESSION

En aggressiv hund kan være meget farlig, så du bør genkende tegnene, før der opstår en farlig situation. Ingen hund, der ikke er traumatiseret eller adfærdsforstyrret, vil angribe uden først at have signaleret gennem truende bevægelser, at den føler sig truet. Mange truende bevægelser kan genkendes på afstand.

Alt i alt forsøger en aggressiv hund normalt at fremstå særlig stor. For at gøre dette retter han sig op og sætter også sin hale op. Holdningen er meget stiv og anspændt. Hos særligt muskuløse, korthårede hunde kan man se de spændte muskler. En aggressiv hund strækker hovedet i retning af modstanderen, og ørerne er lagt tilbage. Samtidig retter hunden sit blik mod modstanderen. Pelsen på hals og hale kan være hårdhændet. Et tydeligt tegn på aggression er snerren, hvor snuden krøller og store dele af tænderne er blottet. Dette er normalt ledsaget af en dyb, halsagtig knurren.

DOMINANS

Rangorden spiller en stor rolle for hunde i deres sociale adfærd. Nogle hunde er naturligt mere dominerende, andre mere underdanige. Begge dele er helt i orden, og du kan ikke påvirke det, fordi det er en del af hunden. Hvis du har flere hunde, bør du altid holde øje med, hvordan hundene er placeret i rangordenen indbyrdes. Hunde med lavere rang kan få en hård behandling. I dette tilfælde skal du gribe ind. Hvis hundene udviser en god social adfærd indbyrdes, er det naturligt, at de etablerer en rangorden. Det er kun vigtigt, at ingen hund ser sig selv i en højere rang end dig, for så vil den ikke adlyde dine kommandoer. Hunden skal acceptere dig som leder, så du kan give den den nødvendige tryghed, som er afgørende for et lykkeligt hundeliv. Mange hundeejere bryder sig ikke om at se sig selv som dominerende over hunden og frygter, at de undertrykker og begrænser hunden. Accepter, at du er nødt til at påtage dig rollen som leder for at give hunden et lykkeligt liv. Du er ikke en hensynsløs undertrykker, men snarere en hjælpende ledsager.

En dominerende hunds hale er selvsikker, ligesom hele kropsholdningen er oprejst og noget stivnet. Hovedet og ørerne er også oprejst og vendt mod modstanderen. Ved at stirre intenst forsøger hunde at skræmme andre ved at stirre intenst.

Hunde sætter ofte en pote på hovedet eller ryggen af en anden hund for at dominere den.

INDSENDELSE

Underkastelse er modsætningen til dominans. Underkastelse behøver ikke at være en adfærd, der skader hunden. I en leg mellem hunde er det helt normalt, at "taberen" også underkaster sig en gang imellem. Hunden vil sandsynligvis også underkaste sig dig fra tid til anden. Det er kun nødvendigt at gribe ind, hvis hunden underkaster sig meget ofte og i uhensigtsmæssige situationer, fordi det kan være et tegn på frygt. Frygtfulde hunde kan før eller senere blive aggressive, fordi de føler et behov for at beskytte sig mod fare. Vær aldrig aggressiv over for en hund, der underkaster sig, for den signalerer allerede til dig, at den ikke ønsker at have en konflikt med dig.

En underdanig hund forsøger at gøre sig så lille som muligt for ikke at udgøre en trussel. Ligesom ved frygt trækker de halen ind mellem bagbenene og dukker sig ned. Ofte ligger hunde på ryggen og blottede deres mave og hals for at signalere deres underdanighed. Når hunden gør det, trækker den sine forpoter ind mod overkroppen. En underdanig hund vil ikke have lyst til at skabe eller holde øjenkontakt. Gabning er et harmløst signal til beroligelse. Det er hundens måde at undgå at virke kedsommelig på, som et menneske måske ville gøre det.

Nogle hunde slikker deres ejere for at signalere underdanighed.

HENGIVENHED

En hengiven hundeejer vil ofte få signaleret hengivenhed af sin firbenede ven. Hvor intenst og ofte en hund føler behov for at udtrykke sin kærlighed varierer fra hund til hund, så du skal ikke bebrejde din hund, hvis den har en mere reserveret karakter. Nogle hunde sprudler bare af kærlighed og går for vidt med deres hengivenhed. Det er okay at vise din hund dine grænser, hvis kærligheden er for meget for dig.

Haleviften er et typisk tegn på glæde og hengivenhed. Hvis din hund automatisk vifter med halen, når du ser på den eller på anden måde giver den din opmærksomhed, kan du være sikker på, at den kan lide dig.

En forudsætning for, at en hund kan vise sin opmærksomhed, er, at den føler sig afslappet og sikker. Så han har en afslappet kropsholdning, en afslappet pels og et åbent blik.

Det er ikke alle, der kan lide det, men mange hunde elsker at slikke deres ejer for at vise deres kærlighed eller på anden måde søge fysisk nærhed og nusse dig eller give dig et puf med deres pote.

AFVISNING

Din hund har ret til ikke at kunne lide en anden hund. Selv hos os mennesker kan det ske, at vi bare ikke kan enes med nogen. En velsocialiseret hund angriber ikke en anden hund, ligesom et menneske ikke ville gøre det, selv om den ikke kan lide den. Det kan også være, at den senere ændrer mening og lærer at kunne lide den anden hund alligevel på et senere tidspunkt.

Afvisning er en kompleks følelse, der kan give tegn på dominans, frygt eller aggression. Hunden vil naturligvis være anspændt. Hvis han tilbringer lang tid sammen med en hund eller en person, som han afviser, kan det være meget usundt, fordi spændingen ikke vil aftage. Derfor er det vigtigt, at hunden accepterer alle i sit nære miljø og føler sig godt tilpas i nærheden af dem.

KEDSOMHED

Kedsomhed er ofte årsagen til, at en hund udvikler negativ adfærd. Især meget intelligente hunde lider meget under at blive underudfordret og bliver gøende eller tygger på møblerne. Aggressiv og destruktiv adfærd er ofte et resultat af kedsomhed. Du skal på et tidligt tidspunkt erkende, at en hund er underudfordret, fordi adfærd, der skyldes kedsomhed, er svær at komme af med. Oplev hver hund som et fuldt og intelligent væsen. Mange ejere tror, at en lille hund betyder meget mindre arbejde og allerede kan beskæftige sig selv. Andre er begejstrede for en race, der egentlig bruges som arbejdshund, men som ikke kan leve op til de krav, som den energiske hund stiller.

Kedsomhed viser sig ikke, som man måske skulle tro, primært i resignation eller træthed. Kedsomhed er snarere en ekstrem stressfaktor for hunde. En kronisk underudfordret hund virker meget stresset og destruktiv, i konstant vekselvirkning med resignation og træthed. Han udviser aggressiv adfærd over for møbler, genstande, andre hunde eller mennesker eller endog sig selv ved at tygge på sine poter eller klø sig selv på sårene. Hunden gør det for at skabe stimuli for sig selv på en eller anden måde. Hvis din hund allerede er i færd med at udvikle sådanne stresshåndteringsmekanismer, er der behov for øjeblikkelig handling, og du skal straks ændre den måde, du interagerer med din hund på. Før sådanne mekanismer udvikles, vil hunden signalere sin kedsomhed ved at opfordre dig til at lege, ved at bringe dig et stykke legetøj, ved at gø gladeligt af dig eller ved at puffe til dig med sin pote. Leg regelmæssigt med din hund, og giv den din opmærksomhed og hengivenhed.

LUTTEN

Din hund kan ikke bare gø, der er store forskelle her. Desværre forstår vi mennesker ikke altid det rigtige budskab, fordi de følelser, vi så føler, som regel kommer i vejen. Den måde, som din firbenede ven laver lyde på, er medfødt hos ham. Det kan være et hyl eller et gøen i mange forskellige variationer. Dit dyr kan også knurre på forskellige måder. Den kan gø af utålmodighed eller klynke som en lille hvalp. Selv gråd af frygt eller smerte er muligt. For at få opmærksomhed kan din hund også snøfte eller brøle, fordi den er vred. Her er mange ting mulige, men desværre ikke altid fortolket korrekt af ejeren.

Som allerede nævnt spiller vores følelser en stor rolle. En hund, der f.eks. klynker, vækker vrede hos os mennesker, men kan også skræmme os. Det giver ubehag, men også medlidenhed. En knurren gør os normalt bange, men kan også gøre os vrede. En hunds klynken bliver opfattet som ynkelig, og vi vil gerne hjælpe.

Når en hund f.eks. knurrer, er det normalt en truende gestus. Men når din hund kommer til at knurre eller endda bide, har den allerede sendt mange andre signaler, f.eks. ved at løfte sin rygpels. Hvis disse signaler ikke tages i betragtning eller endda ignoreres, vil hunden knurre som en sidste udvej for at gøre det klart, at den ikke føler sig tryg i denne situation og ønsker at komme på afstand. Hvis dette heller ikke forstås, kan der ske et angreb. En hund bider aldrig uden grund. Så søg altid først efter en fejl hos dig selv, som helt sikkert er opstået ubevidst i din omgang med hunden.

DUFTEN SIGNALERER

Hunde kan kommunikere med hinanden via duftsignaler. Under din daglige gåtur har du sikkert bemærket, at dit kæledyr stopper op mange forskellige steder og begynder at snuse. Andre hunde har sandsynligvis efterladt duftspor her, og dit kæledyr "læser" dem nu. Lad ham gøre det, for dit kæledyr er det hans daglige avis. Hvis der er duftmærker fra andre hanhunde her, efterladt af afføring, urin eller svedkirtler på poterne, vil din hanhund højst sandsynligt markere dem. Det er sådan, den markerer sit territorium og "fortæller" de andre hanner omkring sig det. Hunner kan lide at efterlade duftmærker, når de er i brunst, og dermed give udtryk for, at de er parringsvillige. Din hund kan også opdage andre potentielle byttedyr ved hjælp af lugten og vil sandsynligvis gerne forfølge dem.

Tilbehør til uddannelse og træning

Af et kæledyr medfører visse omkostninger. Især en hund koster ikke ligefrem få penge. Du bør også være opmærksom på dette og tage højde for det, hvis du overvejer at anskaffe dig en hund. Afhængigt af hvor du får din hund fra, koster selve hunden en pæn sum penge. Dyr fra opdrættere bør koste fra 1000 euro og opefter. Dyrehjem og dyrevelfærdsorganisationer opkræver også et vist beløb for at garantere, at hunden er i gode hænder og ikke bliver misbrugt som avlsdyr eller til værre ting. Du bør ikke ønske at spare penge på en hund; det er trods alt et levende væsen, som bør være det værd for dig.

Tilbehøret koster også mange penge, når det er nyt. Med en hvalp bør du måske ikke gå efter de dyreste luksusvarer til det første halsbånd, som den alligevel vokser ud af igen, og den første barneseng, som sandsynligvis vil blive offer for dens små tænder. Under alle omstændigheder skal du sikre dig, at kvaliteten er god, da der ellers er risiko for, at det billige tilbehør indeholder skadelige stoffer eller er en kilde til fare for hunden på grund af dårlig forarbejdning.

HVORDAN KAN DU FORBEREDE DIG PÅ HVALPEN DERHJEMME?

Når du endelig har fundet den rigtige hvalp, er det tid til at forberede lejligheden eller huset til hvalpe. Det nye familiemedlem har brug for sit eget sted, hvor dets kurv eller tæppe er. Det er vigtigt, at det nye sted også kan tilbyde dyret fred og ro, så hvalpen kan trække sig tilbage, hvis det bliver for meget for den. Det er dog også vigtigt at sørge for, at dette sted ikke ligger for langt væk. Ellers vil hvalpene få en følelse af at blive efterladt alene.

Man må heller ikke glemme, at de små hvalpe, der kan sammenlignes med små børn, som stadig har brug for at blive nusset, også stadig kræver deres "redevarme". Det hjælper de fleste hvalpe, hvis du lægger et slidt stykke tøj, f.eks. et tørklæde, med menneskets duft i kurven. Især i de første par timer efter ankomsten til det nye hjem kan den unge hvalp begynde at hyle af og til, når den ligger i sin kurv eller på tæppet. Han savner sin mor og sine brødre og søstre. Dette bør dog ikke føre til, at den søde hvalp bliver taget op igen og igen eller endda bliver taget med i sin egen seng. Det er et tabuområde, hvor han ikke hører hjemme, og det må ikke udvikle sig til en dårlig vane.

For at hvalpen skal vænne sig til et fast fodersted fra starten, vil du sandsynligvis vælge at sætte en mad- og vandskål i køkkenet. Dette er normalt det mest praktiske. I begyndelsen er det fornuftigt at bruge det samme foder, som hvalpen fik af opdrætteren eller de tidligere ejere. På den måde får hvalpen tid nok til at vænne sig til sine nye omgivelser og lære sine nye ejere at kende og ikke samtidig vænne sig til ny mad. Men hvis du ønsker at vænne dit dyr til en anden, mere fyldig mad, er det muligt efter en vis periode. Du skal bare sørge for, at det nye hvalpefoder er af høj kvalitet og indeholder de vigtige næringsstoffer, som hvalpene har brug for.

Før hvalpen flytter ind, bør du allerede have det grundlæggende udstyr, som f.eks: Halsbånd eller brystsele (bedre at have på, da det ikke klemmer og trækker i nakken), en eller to snore og de relevante børster til pleje af hunden.

I en lejlighed eller et hus er der altid en eller to "farekilder" et eller andet sted, f.eks. ledninger, der ligger rundt omkring, eller genstande med skarpe hjørner og kanter. Hvis det er muligt, bør disse afværes så vidt muligt, eller kablerne bør løftes sikkert op. I tilvænningsfasen er det naturligvis bedre, hvis du kan tage et par dage fri fra dit arbejde og koncentrere dig fuldt ud om den lille hvalp. En transportkasse bør heller ikke glemmes. Det giver hunden den sikkerhed, den har brug for under bilturen, og kan også give dyret et sted at trække sig tilbage i et rum.

En grundlæggende forståelse af hundepsykologi vil hjælpe dig med at leve i harmoni og lykke med din hvalp og senere voksne hund. Du behøver ikke at være ekspert på området, men bare ved at læse bøger om hvalpetræning og hundeejerskab kan du udvide din viden. Men hvis du når et punkt, hvor din viden ikke længere er tilstrækkelig, kan du søge hjælp hos en hundetræner.

I hundeverdenen kommunikerer hvalpene med hinanden fra starten gennem deres kropssprog. Dette omfatter ansigtsudtryk, kropsholdning, lugten af hinandens hvalpe og de lyde, de laver. Generelt bruger hunde deres mund, øjne og ører samt deres hale til at udtrykke deres følelser.

HALSBÅND ELLER BRYSTSELE?

Før vi tager fat på spørgsmålet om, hvorvidt du hellere skal vælge et halsbånd eller en brystsele, er det værd at se på begge hjælpemidler uden fordomme, for uanset hvad skal du kunne føre din hund sikkert i snor. Dette er ikke kun nødvendigt for dine umiddelbare omgivelsers sikkerhed, men også for hundens sikkerhed. For en hund kan vores "menneskelige verden" nogle gange være meget forvirrende og forvirrende. Dit kæledyr er afhængig af, at du fører det sikkert, og det omfatter også at blive ført i snor, især i byer og langs trafikerede veje.

Lad os starte med kraven. Den mest almindelige kritik af halsbånd er, at de kan være meget ubehagelige for hunden at have på. Dette kan dog undgås ved at vælge den rigtige krave og en passende størrelse. Men hvis din hund har en stærk tendens til at trække i snoren, vil selv et perfekt tilpasset halsbånd ikke hjælpe dig. I dette tilfælde kan det permanente pres på strubehovedet og luftrøret føre til helbredsproblemer. Du bør gennemføre intensiv træning, hvor hunden lærer at gå i snor uden at trække i snoren.

Der er en simpel tommelfingerregel for god pasform af kraven: Kraven må ikke være for tynd, da dette forårsager smerte. Sørg for, at halsbåndet er mindst lige så bredt som hundens næse. Du skal også kunne føre to fingre ind under kraven, når den er på, for at sikre, at den ikke sidder for stramt. Den må dog heller ikke være for bred, for så kan hunden trække hovedet ud af halsbåndet og frigøre sig fra snoren. Når du køber et halsbånd, skal du derfor altid rådføre dig med salgspersonalet og sørge for at oplyse sælgeren om, hvilken race din hund tilhører. Egnede materialer er læder, stof eller neoprenforing. Et kædehalsbånd er aldrig et artsbestemt alternativ og vil altid resultere i, at din hund lider smerter på grund af indsnævring og indespærrede hår.

Nu et par grundlæggende ting om brystselen. Med en sele er trykket bedre fordelt, og derfor er det normalt mere behageligt at have en velsiddende sele på end at have et halsbånd på. For at sikre en god pasform skal du sørge for, at ingen remme glider ind under hundens armhuler. Den største belastning er på selen midt på brystet, så dette område bør have ekstra polstring, da der også kan opstå ubehageligt tryk der. Desuden skal skuldrene have tilstrækkelig bevægelsesfrihed.

Du ved nu, hvad du skal kigge efter, når du køber en brystsele eller et halsbånd. Hvilken af de to du ender med at vælge til dig og din hund, bør ikke afhænge af æstetik, men af din hunds behov og adfærd. Det er altid en god beslutning at lade din hund vænne sig til begge dele og med tiden finde ud af, hvad den føler sig mest tryg ved.

HVILKEN SNOR ER BEDST?

Ligesom med spørgsmålet om, hvorvidt du skal vælge et halsbånd eller en sele, er denne beslutning i sidste ende op til dig. I dette kapitel lærer du, hvilke typer snore der findes, og hvad der gør dem forskellige. Det kan ikke skade at prøve flere muligheder for at afgøre, hvilken snor der er den rigtige for dig.

Den "almindelige snor", også kaldet en førersnor, er den klassiske form for snor til hunde, hvor du fastgør en simpel snor på 1-2 meter til et halsbånd eller en sele. Disse snore kan være lavet af læder eller plastik og have forskellige tykkelser. Du bør under alle omstændigheder have en sådan snor, fordi det er den bedste måde at træne din hund i snor på, og det giver dig god kontrol over hunden. Jo større hunden er, jo tykkere og tungere kan snoren være. For en lille hund vil et tungt snor være til hinder for at gå, så køb kun en tynd snor til en lille hund. Du kan normalt finde oplysninger om hundens vægt på emballagen af de snore, der fås i butikkerne.

"Flexi line" er en meget tynd line, som er viklet på en spole i et hus med et håndtag. Når den er fuldt udrullet, kan den have en længde på op til 10 meter. Der er en knap på huset, hvormed du kan stoppe afviklingen og også lade snoren rulle tilbage i huset. Resultatet er, at flexisnoren altid er under spænding. Det er ikke uden grund, at denne type snor bliver kritiseret af denne grund. Hunden lærer, at den skal trække i snoren, for ellers vil snoren ikke blive ved med at rulle sig ud. Desuden er denne snor helt uegnet til større hunde, som har en tilsvarende større trækstyrke. Låsemekanismen kan kun modvirke en lille kraft. Med en stor hund er der altid risiko for, at mekanismen svigter, og at hunden og dens omgivelser kommer i en farlig situation. Desuden har du som ejer næsten ingen kontrol over hunden.

"Retriever-læsen" er en særlig type snor, som gør halsbånd eller sele overflødig. Med retriever snor er halsbåndet en del af snoren. På denne snor er der en løkke i hver ende, en til ejeren og en, der fungerer som halsbånd. Kravebøjlen er trukket løst over hovedet og sidder derfor meget løsere end en rigtig krave. Dette eliminerer halsbåndets fordele, f.eks. at hunden ikke let kan komme ud af det. En retrieverkæde er et godt valg, hvis din hund går meget godt og ikke har tendens til panikreaktioner eller jagtinstinkter. Ellers bør du hellere vælge et halsbånd med en snor til hverdag.

"Slæbesnoren" bruges til at træne hunden uden for dine egne fire vægge. På en normal gåtur er det dog mere en hindring. En slæbesnor er meget lang, så hunden har meget mere bevægelsesfrihed end med de andre typer snor, uden at den kan flygte ukontrolleret. Dette giver dig mulighed for at træne og lege med din hund udenfor uden at bringe hunden eller andre i fare. Det samme gælder for slæbelinen: jo større hunden er, jo tykkere skal den være. Du kan også vælge en slæbeline med eller uden håndledsbøjle, alt efter om du vil holde linen i hånden under træningen eller ej. Fordelen ved en snor uden løkke er, at den ikke kan sidde fast uventet. Hvis du undrer dig over, hvordan du skal stoppe din hund, hvis du ikke har snoren i hånden, er svaret nemmere, end du tror: Du skal blot træde på enden af snoren med den ene fod, og så har du din hund under kontrol igen.

"Husets snor" har samme funktion som slæbesnoren, bortset fra at den bruges inde i boligen. Du kan bruge den til at lave øvelser inde i huset og f.eks. til at føre hunden til sin plads, når den skal vente der. Den er også meget praktisk til hvalpetræning, da du kan bruge snoren til at komme udenfor meget hurtigt og dermed fremme hundens opdragelse til at blive husket. "Joggingkæden" er en praktisk gadget til sportsentusiaster. Du skal blot binde den om din talje, lænke hunden med karabinhagen, og så har du hænderne fri til at løbe. En støddæmper giver ekstra komfort for hunden og for dig. For at kunne bruge en joggingsnor skal din hund allerede kunne gå godt i snor og være begejstret for sådanne aktiviteter.

KASSE, KURV ELLER SOVE I SENGEN?

Før du beslutter, om din hund skal sove i en hundekasse, i en kurv eller i din seng, bør du først drøfte, hvor du vil placere denne soveplads. Hvis du lader din hund sove i din seng, er spørgsmålet sandsynligvis unødvendigt, medmindre du ønsker at flytte din seng. Hunde er meget sociale, og de fleste hunde bryder sig ikke om at være helt alene. Derfor bør hundens natlige soveplads om muligt være i dit soveværelse. Hvis du ikke har planer om at lade din hund sove i dit soveværelse, er det kun rimeligt at lade den sove i et andet rum fra første dag. Ellers vil han ikke forstå, hvis han en dag bliver flyttet ud. Da en hvalp ikke bør sove alene de første par dage, er det tilrådeligt at sove i et andet rum sammen med hvalpen de første par dage. Hunde kan også godt lide at døse ned i løbet af dagen. Du gør din hund en tjeneste ved at give den et sted at hvile sig i alle stuer. Hvile- og sovepladser bør aldrig være i gangarealer eller på steder, hvor det trækker. Desuden bør stedet ikke være placeret ved siden af støjkilder som f.eks. fjernsyn eller højttalerbokse. Sengen skal være et sikkert tilflugtssted for hunden. Så hvis det er muligt, så lad ham være alene, når han trækker sig tilbage, og vent, indtil han kommer hen til dig igen. Det er vigtigt, for alle vil gerne være i fred.

Det er ikke alle hunde, der har de samme præferencer. En hund kan f.eks. føle sig tryg og sikker i en hundekasse, mens en anden måske foretrækker at sove på en lidt forhøjet hundelufter, så man ikke mister hunden af syne om natten. Både hundekasser og hundelufter fås i praktiske sammenklappelige versioner, der er gode til transport i bilen. Klassikeren er en hundekurv, hvori en pude er placeret. Hunde kan dog godt lide at gnave i kurven, så du må forvente at skulle købe en ny kurv før eller siden. Populære er også hundepuder, hvor kanten ofte er forstærket med et ekstra lag pude. Især hvalpe vil næsten helt sikkert ødelægge deres første soveplads. Så hvis du vil købe en dyr soveplads til din hund, skal du vente, til den er voksen og trænet, hvis det er muligt.

FLØJTE OG KLIKKER

Hundefløjten og klikkeren er begge populære redskaber til hundetræning. Lad os først kort nævne forskellene og derefter gå videre til lighederne og de mulige anvendelser.

Hundefløjten udsender en meget høj lyd, som mange mennesker knap nok kan høre. Denne tone er meget hørbar for hunde, selv på store afstande. Dette er fordelen ved hundefløjten i forhold til klikkeren. Den høje fløjte kan dog være meget ubehagelig for følsomme mennesker, og derfor bør du altid tage hensyn til dine omgivelser, når du bruger en hundefløjte. Med klikkeren udløser et enkelt tryk med tommelfingeren en kliklyd. Som allerede nævnt er klikkeren mere nyttig til korte afstande end til lange afstande. Fordelen ved klikkeren er dog, at du ikke bruger den med munden og derfor kan kombinere den med en verbal kommando eller ros.

Begge hjælpemidler har det til fælles, at de altid laver den samme lyd, hvilket kan være meget praktisk i forbindelse med træning. Du kan vænne din hund til at høre den samme lyd igen og igen. Ved hjælp af konditionering opnår du, at hunden forstår lyden alene som en belønning. Dette kan være et sundt alternativ, især for hunde, der er meget grådige eller har tendens til at være overvægtige. Desuden varierer din stemmeleje alt efter dit humør. Som følge heraf kan hunden misforstå en kommando, fordi den misforstår ændringen i tonehøjden.

LEGETØJ

Dette afsnit handler om forskelligt legetøj, som du kan bruge til at gøre legen med din hund endnu mere spændende og varieret. Leg er ekstremt vigtigt for alle hunde, fordi det er med til at holde dem fysisk og mentalt beskæftiget. Desuden har alle hunde et medfødt legeinstinkt, som de har brug for at udleve for at være lykkelige. Legeinstinktet kan også være meget nyttigt i forbindelse med træning, fordi legen lærer hunden grænser og regler for adfærd. Hver hund har sine egne præferencer med hensyn til, hvilke spil den foretrækker at spille. Giv hunden mulighed for at lære sine præferencer at kende og udleve dem, men sørg også for variation, for selv hunde keder sig på et tidspunkt af en leg. Nedenfor kan du få et overblik over forskellige typer spil og det legetøj, der er forbundet med dem. Især med en ny hund bør du afprøve alle typer spil for at se, hvad den reagerer bedst på.

Hentning:

De fleste hunde kan lide at apportere, men det er ikke alle hunde, der forstår princippet i at apportere. Det er derfor ikke ualmindeligt, at hunden finder det endnu sjovere at løbe væk med legetøjet end at aflevere det pligtopfyldende tilbage. Det er naturligvis meget udmattende for ejeren. Så det er bedre at lære hunden at hente legetøjet korrekt og rose den overstrømmende, når den har held til at bringe legetøjet tilbage til dig.

Alt legetøj, der er robust nok til at blive kastet og let nok til at blive båret af hunden i munden, er egnet til apportering. Bolde er særligt populære, fordi de har en ekstra sjov faktor på grund af hoppende og rullende bolde, og pinde, fordi de kan tages op på stedet i stedet for at blive taget med i en taske.

Søg på

Søgespil er et rigtigt detektivarbejde for hunde og kan stort set finde sted hvor som helst. Du gemmer et passende legetøj på et sted, der er let tilgængeligt for hunden. Hundens opgave er at finde legetøjet.

Når du spiller søgelege, er det vigtigt, at det legetøj, der skal søges efter, også kan findes af hunden. Derfor skal det lugte på en eller anden måde, da hundens næse er kendt for at være meget følsom. Du kan gemme godbidder på denne måde eller endda specialdesignet legetøj, hvor godbidder kan gemmes.

Kastning:

Mange hunde nyder at jage et kastet legetøj. Dette appellerer til jagtinstinktet og efterligner jagtens susen. Især hunde med en stor trang til at bevæge sig får deres penge for pengene. Der er dog nogle ting, man skal være opmærksom på, fordi de intense sprintere og pludselige opbremsninger belaster leddene. Selvfølgelig har du også brug for en hel del plads til at spille sådanne spil, så de er mindre velegnede til stuen, men bør flyttes udenfor. Du bør også sørge for, at det underlag, som du spiller kastespil på med din hund, ikke er for hårdt. Det er bedst at spille på græs, da hårde overflader er en kilde til fare. Hunden har ikke sko på og kan skade sine poter eller endda sine tænder, hvis den tager legetøjet.

Egnet legetøj til at kaste med er grundlæggende alle praktiske genstande, der er robuste nok til at blive kastet. Især bolde, frisbees og den gode gamle pind er populære.

Tug of war spil:

I princippet kan du spille tovtrækningsspil hvor som helst, da der kun er behov for relativt lidt plads. Du holder den ene ende af legetøjet, mens hunden trækker i den anden ende. I princippet er det en slags tovtrækkeri én mod én. Bliv ikke nervøs, hvis hunden knurrer, mens den leger. Det er en del af det, der trækker i ham. Målet med spillet er at vinde legetøjet til sidst. Hold en balance mellem hvem af jer der vinder og hvor ofte. Hvis hunden vinder for ofte, kan den tvivle på din rolle som leder, fordi den tydeligvis er meget stærkere end dig. Men hvis han kun taber, vil han sandsynligvis miste motivationen før eller siden.

Reb, tove eller endda gamle sokker og tørklæder er velegnede til tovtrækningsspil.

Vandlege:

Vandlege er ikke for alle hunde, for der er nogle hunde, der er direkte bange for vand. Ægte vandrotter findes derimod ofte blandt labradorer, dobermans og golden retrievere. Hvis din hund kan lide at være i vandet, kan du lade den hente legetøj i vandet. Svømning er dog meget anstrengende for hunden. Selv om hunden sandsynligvis ikke vil holde op med at lege af sig selv, er du ansvarlig for at stoppe legen på et passende tidspunkt, så den ikke overdriver sig selv.

Legetøjet skal naturligvis kunne flyde på vandoverfladen, for hunde er ikke dykkere. I specialforretninger finder du mange legetøjsprodukter, der er specielt designet til leg i vand.

Kæledyr:

Når det kommer til krammedyr, kan hunde opføre sig på samme måde som små børn. Nogle hunde slæber deres krammedyr med sig overalt og lægger det altid i deres kurv, når de skal sove. Der kan også hentes nuttet legetøj. Teoretisk set er de også velegnede til tovtrækningsspil, men de går naturligvis hurtigt i stykker. Nogle hunde sørger dog for, at deres nuttede legetøj ikke har en lang levetid. De har stor fornøjelse af at rive det dyre nuttede legetøj i stykker på kortest mulig tid og viser ofte ingen følelsesmæssig tilknytning til dette legetøj. I dette tilfælde bør du måske lade være med altid at købe nye krammedyr og i stedet give hunden gamle sokker eller andre stofrester. Med en eller flere knuder bliver disse tingester også til et fantastisk krammelegetøj for destruktive hunde.

Kæledyr specielt til hunde findes i alle størrelser og former. Sørg for, at sømmene er godt lavet, og at der ikke er farlige små dele på dem. Selvfølgelig bør hundelegetøj ikke indeholde giftige stoffer, da hunde primært leger med munden og optager giftene på den måde.

Hvis du ikke kun ønsker et klassisk nusseklubben, men også ønsker at give din hund et ekstra incitament, kan du købe en knitrende eller knitrende nusseklub. Fordelen ved pivlegetøj i forhold til pivlegetøj er, at det er meget mere støjsvagt. Hunde kan undertiden beskæftige sig i timevis med et sådant stykke legetøj. Det kan være meget udmattende at knirke i timevis. Men med nuttet legetøj, der giver sådanne ekstra stimuli, skal hunden forvente at knække det hurtigere, fordi lyden antyder en vis livlighed i legetøjet for hunden. Dette appellerer til gengæld til jagtinstinktet, og det kan ske, at hunden ønsker at dræbe det nuttede stykke legetøj. For hunden betyder det, at det nuttede stykke legetøj ikke længere giver nogen lyde fra sig. Som følge heraf kan han rive det nuttede legetøj i stykker.

Puslespil:

Nogle hunde har brug for særlig intensiv mental træning. Især meget intelligente hunde udvikler hurtigt negative adfærdsmønstre, når de bliver underudfordret. Du kan finde en række puslespil i butikkerne, som sætter hundens hjerne på prøve. Hundeejere med talent for håndværk kan naturligvis også udvikle deres egne puslespil. Det er ikke alle hunde, der bryder sig om at stå over for sådanne udfordringer. Du skal ikke bebrejde din hund, hvis den ikke kan lide puslespil, men find et andet spil sammen, som I begge kan lide.

TØJ TIL HUNDEN?

Især i en tid med sociale medier er populariteten af hundetøj steget enormt. De findes i alle farver, former og variationer. Især om efteråret og vinteren ser man ofte hunde i frakker eller trøjer. Dette kan virke meningsløst eller endda upassende for nogle mennesker. Selvfølgelig er der nonsens-tøj, en hund har bestemt ikke brug for en hat, og en husky har bestemt ikke brug for en vinterfrakke. Hundetøj er dog mere nyttigt, end dets ry måske antyder. Små hunde og hunde med særlig tynd pels kan have stor gavn af en vinterfrakke. De er simpelthen ikke beregnet til kolde temperaturer og fryser derfor nogle gange meget slemt. Sko kan også være nyttige, hvis de bor i et område, hvor der bruges salt til at bekæmpe sne. Saltet forårsager smerte i hundens poter. Sko kan derfor yde god beskyttelse mod vejsalt. Vandsky hunde er ofte meget taknemmelige for en mackintosh og er straks meget mere motiverede for at gå en tur, når det regner. Ældre hunde har også gavn af varmt tøj, der er skånsomt for deres led og forhindrer dem i at blive syge.

Når du køber hundetøj, er det naturligvis vigtigt, at det sidder godt. Den må ikke begrænse hundens bevægelsesfrihed og skal være åndbar, så hunden ikke bliver overophedet. Jumper eller frakker, der går om maven, må ikke trække på gulvet, da de ellers bliver våde, og hunden bliver underafkølet. Tøj, der sidder for stramt, vil naturligvis skure. Med varmt tøj skal fokus være på at dække overkroppen, fordi det er der, de vitale organer befinder sig. Det er ikke dårligt, hvis bagdelen er blottet, det generer ikke hunden og forhindrer ikke trøjen eller pelsen i at være dejlig varm.

Tøjet må ikke larme, når hunden er i bevægelse. Dette er især vigtigt med regntøj. Hunde har som bekendt en ekstremt god høresans. Rystende tøj er yderst ubehageligt for en hund. Klingende tilbehør eller endda klokker er ikke passende for arten, og ingen hund kan lide at bære dem.

Til sidst noget om at tage hundens tøj på: Vær forberedt på, at din hund ikke vil være særlig begejstret for det i starten. Måske er han endda bange for det nye tøj. Når du har vasket det nye tøj, bør du gøre hunden fortrolig med tøjet. Lad ham snuse til det, og ros ham for det. Du bør heller ikke spare på ros og godbidder, når hunden får tøj på for første gang. Hunden skal forstå, at det er noget rigtig godt at have tøjet på.

Særlige funktioner i Træning af hvalpe

Er meget forskellige fra voksne hunde, og der er nogle få ting, man skal huske på. Men hvis du er meget opmærksom på hvalpens adfærd i de første uger og måneder, vil du lægge et godt grundlag for den senere træning af en voksen hund. Som ejer skal du dog også være opmærksom på, at en hvalp ligesom et menneskebarn begår fejl, er urimelig og skal lære mange ting flere gange, før den virkelig forstår dem. Derfor er det første mål ikke at få en hund med perfekt opførsel gennem hvalpetræning, men snarere at opbygge et tæt bånd mellem dig og hvalpen. God træning kommer bagefter. Det betyder dog ikke, at du ikke skal gøre en indsats for at begynde at træne din hund som hvalp. Ved at introducere hunden til bestemte situationer og regler gennem legende træning i en tidlig alder skaber du ikke kun grundlaget for senere adfærd, men du kan også forebygge frygt og usikkerhed. Hvis din hund har regelmæssig kontakt med ukendte mennesker, hunde og situationer som hvalp, vil den være bedre i stand til at håndtere ukendte situationer som voksen. Inddragelse af hunden styrker også forholdet, og din firbenede ven lærer at stole på dig. Det giver ikke kun din hund mulighed for at vænne sig til dig og sin nye livssituation. Du lærer også hvalpens karakter at kende, for ligesom mennesker har alle hunde deres eget sind, deres egne præferencer og ting, som de ikke kan lide.

Selv en hvalp kan forstå og internalisere nogle få grundlæggende regler, selv om den helt sikkert vil komme ud for et uheld i ny og næ. I det følgende kapitel forklares de enkleste og vigtigste lektioner, som du helt sikkert bør træne med din hvalp.

KRAV TIL HVALPEN

Hvis du beslutter dig for at tage en hvalp til dig, skal det naturligvis ikke ske i en impuls, men efter nøje overvejelse og kun hvis alle medlemmer af husstanden er enige. Derfor har du også tid nok til at forberede dig på hvalpens ankomst og skabe de nødvendige betingelser. Så lad os først komme til de ting, du bør have gjort, inden du flytter ind.

Det første, du bør gøre, er at besøge din dyrlæge. Sørg for at vælge en dyrlæge, du kan stole på, og få dig selv registreret der i forvejen, så din hunds sundhedspleje er sikret fra starten. Sørg for at finde ud af, hvor du har fået din hund fra, om den er blevet vaccineret og mod hvad, og giv disse oplysninger videre til dyrlægen. Hvis hunden endnu ikke er mikrochippet, er du lovmæssigt forpligtet til at få den chippet af en dyrlæge.

Dernæst er det værd at holde øjnene åbne efter en hundeskole eller en hundetræner. Sørg for at lære dem at kende på forhånd, og sørg for, at du er fortrolig med deres træningsmetoder.

Det næste, der skal gøres, er at sikre boligarealet. Hvis du ikke allerede har en hund boende hos dig, er der et par ting, du skal overveje. Der bør ikke være giftige planter inden for hundens rækkevidde. Der må naturligvis heller ikke være nogen spidse eller skarpe genstande, der udgør en fare for hunden. Hvalpe kan lide at tygge, og især i begyndelsen vil hvalpen ikke skelne mellem hvilke genstande den må tygge på og hvilke den ikke må. Dette gælder både for dyre sko og kabler. Alt, der er inden for hvalpens rækkevidde og kan være interessant for den på en eller anden måde, risikerer potentielt at blive offer for dens tænder.

Når boligen er sikret, kan du gå ud og købe det grundlæggende udstyr til din nye bofælle. Dette omfatter naturligvis en madskål og en vandskål. Sørg for, at de er lette at rengøre. Kombinerede skåle med en bund er også praktiske, så spildt vand og mad ikke ender på gulvet. Hunden har naturligvis også brug for mad. Ideelt set bør du finde ud af, hvilket foder din hund har fået hidtil, og give den dette foder først. En pludselig ændring af maden, især i kombination med den stress, som flytningen medfører, kan føre til fordøjelsesproblemer. Senere kan du gradvist vænne din hund til en anden mad. Du kan også give nogle få letfordøjelige godbidder. Du skal også have snor, halsbånd eller sele, en slæbeline og et sted at sove. I kapitel 3 har du allerede lært, hvad du skal kigge efter, når du køber disse ting. Afhængigt af hundens race kan det være nødvendigt med særligt plejetilbehør. En hund har også brug for legetøj. Sørg for, at legetøjet er af god kvalitet og egnet til hunde.

Der findes naturligvis snesevis af andre mere eller mindre nyttige indkøb til en hund. Men du kan også beslutte, hvilke andre ting du har brug for, når hunden er flyttet ind.

Det er vigtigt, at alle familiemedlemmer er enige om at anskaffe sig en hund og er parate til at acceptere de ændringer, der følger med. Fra starten bør I blive enige om nogle få adfærdsregler, husregler så at sige, og alle husdeltagere bør konsekvent overholde disse regler. Hvis I er enige om, at hunden ikke må komme op på sofaen, må det ikke ske, at en af jer tilsidesætter denne regel og lader hunden hoppe op på sofaen alligevel. Det skaber forvirring hos hunden og gør mere skade end at lade den slet ikke komme ind på sofaen. Sørg for, at alle forstår, at hunde ikke må fodres fra bordet, og at der ikke må gøres undtagelser. Der skal også være generel enighed om kommandoord og håndsignaler. Arbejd hånd i hånd, det er bedst for både dig og hunden.

Nu kan dagen for indflytning komme. Sørg for, at du ikke har planlagt andet den dag, for du skal kunne hellige dig det nye familiemedlem fuldt ud. I bedste fald kan du tage et par dage fri eller arbejde hjemmefra. Selv om denne dag helt sikkert er meget spændende, og den nye hund er meget sød, er det vigtigt ikke at overvælde hunden med høje lyde eller påtrængende adfærd. Din nye bofælle vil være langt mere overvældet af situationen end du er, og det skal alle familiemedlemmer tage hensyn til. Mange hunde har brug for fred og ro efter deres ankomst og ønsker at trække sig tilbage. Vis hunden sin soveplads, og lad den hvile sig, hvis den ønsker det. Andre hunde vil gerne udforske deres nye omgivelser først. Du bør også give ham den tid, han har brug for til dette. Bare hold øje med hunden og sørg for, at den ikke bringer sig selv i fare. Hvis du har en stor lejlighed eller et stort hus, er det bedre at holde nogle døre lukket den første dag og dermed begrænse de nye omgivelser, som hunden kan udforske. Dette forhindrer hunden i at blive overvældet. I stedet kan han udforske sit nye hjem skridt for skridt.

Et særligt tilfælde er, når du allerede har en hund, og du får en anden hund. Så er det vigtigt, at de to hunde først mødes på neutral grund, dvs. uden for boligen. Dette forhindrer, at den første hund føler, at den skal forsvare sit territorium mod den anden hund. Sørg for, at din første hund ikke føler sig overset, da den ellers kan reagere jalousisk.

Det er også meget vigtigt, at hver hund har sin egen soveplads, som den til enhver tid kan trække sig tilbage til. Tving ikke hundene til at dele en mad- og vandskål. Det fører til skænderier eller endda til, at den ringere hund ikke får nok mad. Hver hund skal have sin egen vandskål og sin egen madskål.

DE FØRSTE UGER OG MÅNEDER

Når den første spænding er overstået, kan du sørge for at vænne dit nye familiemedlem til det. Dette omfatter f.eks. at gøre hvalpen fortrolig med dagligdags ting fra starten. Da hunde har meget gode ører, skal du være forsigtig med hverdagslyde, der kan skræmme hunden, for ikke at skræmme den. Det er vigtigt, så din hund ikke udvikler en frygt for den pågældende lyd og resten af sit liv bliver bange for f.eks. støvsugeren eller hårtørreren. Gør det gradvist, og vær opmærksom på hundens reaktion. Beløn hunden, når lyden høres, så den får en positiv association til lyden. Afbryd øvelsen, hvis han viser tegn på frygt, f.eks. ved at trække halen ind til sig eller lægge ørerne fladt ned.

Øv dig også på, at din hund er villig til at blive rørt. Klap ham, løft ham op og rør ham på steder, hvor du normalt ikke klapper ham, f.eks. ved halefoden og poterne. Det er vigtigt, at din hund lader dig røre ved den overalt, så et senere besøg hos dyrlægen ikke bliver en prøvelse. Vær altid følsom, og overanstrengt ikke din hund.

En hund skal også kunne køre bil, for før eller siden bliver du nødt til at transportere din hund i bilen. Nogle hunde er tilbøjelige til at få kvalme, når du sidder i bilen. I så fald skal du sørge for, at du langsomt vænner ham til mere snoede veje og starter med korte bilture.

En sikker måde at vinde hundens hengivenhed på er at være den, der fodrer den. Hvis du bor i et fællesskab med flere mennesker, er det en god idé, hvis I skiftes til at fodre, så hunden kan opbygge et positivt forhold til alle. Inddrag også alle husbeboere i træning og gåture.

I begyndelsen kan det være en stor hjælp, hvis du tænker på en daglig plan. Det vil give dig og din hund en vis rutine.

Start med regelmæssige fodringstider. Fodringen bør finde sted på samme tidspunkt hver dag. Sæt et fast sted for mad- og vandskåle, og giv hunden altid mad der.

Gå regelmæssigt med hunden. Hvis du har taget en voksen hund til dig, er tre gåture om dagen normalt nok. Hvalpe har brug for at gøre deres behov meget hyppigere. Meget unge hunde kan ikke gå ret længe endnu og bør ikke gå tur i mere end 15 minutter. Lad din hvalp gøre sine behov udenfor efter hvert måltid, altid efter at han er stået op, også efter lure og før han går i seng. Men uanset hvor hårdt du prøver, kan din hvalp i de første dage måske ikke holde sin trang til at tisse tilbage længe nok. I stedet for at skælde ham ud, er det meget bedre at rose ham, når han gør sit arbejde udenfor.

Planlæg en vis mængde tid hver dag til at træne hvalpen. Da dette også afhænger af, hvornår hvalpen er modtagelig, er det tilstrækkeligt at planlægge faste træningssessioner før fodringstidspunkterne.

Ved sengetid er det vigtigt, at du ikke holder hunden vågen med stimuli, men roligt tager den med i sin seng og lader den være i fred. Hvis din hund er ængstelig, kan du tale til den med en rolig stemme.

UDVIKLINGSSTADIER FOR HVALPE

For at have den nødvendige empati for hvalpens nuværende udviklingsstadie og handle hensigtsmæssigt er det nødvendigt at have grundlæggende viden om, hvilke evner hunden allerede har i den pågældende alder. I dette afsnit vil du lære de vigtigste ting om hvalpens udviklingsstadier i det første leveår.

Den neonatale fase:

Hvalpe fødes med lukkede øjne. I de første to uger er de stadig meget hjælpeløse, fordi deres hørelse og lugtesans også først er fuldt udviklet efter fødslen. Nyfødte hvalpe er altid i kontakt med deres mor og gør ikke meget andet end at drikke og sove. Hvis du nogensinde får lov til at ledsage en hund i denne fase, skal du passe på ikke at forstyrre moderens og hvalpenes naturlige adfærd for meget.

Overgangsfasen:

Overgangsfasen i den tredje uge af livet er kort, men meget vigtig for hvalpens fysiske udvikling. Øjnene åbnes, men synet udvikles først på den 17. eller 18. dag. Hørelsen udvikles, så hvalpene opfatter flere og flere indtryk fra deres omgivelser. De første tænder begynder også at vokse. Hvalpens mælketænder er meget skarpe, så du skal ikke blive forskrækket, hvis en hvalp gnasker på din hånd, og det svier lidt. Nu kan hvalpene langsomt lære at komme i kontakt med mennesker ved at blive strøget.

Socialiseringsfasen:

I denne fase er hvalpens sanseorganer fuldt udviklede, og den bliver mærkbart mere aktiv. Derfor har denne fase en særlig stor betydning for den senere udvikling. De oplevelser, som hvalpen gør mellem den fjerde og tolvte uge, præger den resten af livet. Hos nogle hunde varer socialiseringsfasen indtil den 16. uge. I begyndelsen af denne fase udforsker hvalpene stadig frygtløst deres omgivelser og er forbløffet over de første sanseindtryk i deres liv. Fra den syvende uge udvikler de en bevidsthed om farer og bliver mere forsigtige i deres opdagelsesrejser. Derfor bør hvalpen udsættes for så mange stimuli som muligt inden den syvende uge. Han må naturligvis ikke overbelastes.

Opdrættere giver normalt deres hunde væk på dette udviklingsstadium, som regel i den ottende uge. Så du får din hund midt i socialiseringsfasen. Ved at udsætte din hvalp for en masse ukendte stimuli tidligt skaber du et godt grundlag for at få en angstfri hund senere hen. Hvalpen er dog stadig en baby og har brug for en masse søvn og hvile.

Ungdomsfasen:

Når den unge hund er omkring fire måneder gammel, begynder den at få tænder. Mælketænderne erstattes af de voksne tænder. Det kender du sikkert fra den menneskelige udvikling. Hunden går langsomt ind i puberteten og prøver helt sikkert sine grænser af en gang imellem. Det gør han for at etablere sin sociale position og for at forstå reglerne for adfærd i sit miljø. Sørg for at være konsekvent, ellers ender du med en forkælet hund, der ikke er villig til at adlyde dine kommandoer. Som altid er kærlig og empatisk interaktion også vigtig i forbindelse med al konsekvens. Hunden mener ikke noget ondt, hvis den overskrider en grænse. Det ligger i hans natur, og det er et vigtigt skridt i hans opvækst.

Ofte gennemgår den pubertære hund en anden fase af angst. Hans skepsis over for ukendte stimuli øges, og han opfatter dem hurtigere som en trussel. Din opgave som ejer er at vejlede hunden kærligt gennem en sådan angstfase og vise den igen og igen, at den ikke behøver at være bange.

Afhængigt af racen varer ungdomsfasen indtil ca. seks måneder.

Ungdomsfasen:

Omkring den sjette måned begynder ungdomsfasen for den unge hund. I denne udviklingsfase indtræder hundens kønsmodning. Hanhunde begynder at løfte benet, og tæver bliver løbevillige for første gang. Hunden er nu fuldt ud i puberteten. Det kan være ret stressende for dig som ejer, fordi hormonerne skaber et lignende kaos som hos menneskelige teenagere. Det er ikke ualmindeligt, at hunden glemmer selv de mest grundlæggende kommandoer og ignorerer de simpleste kommandoer. Som altid skal du være den fornuftige af jer to. Vrede og stress hjælper aldrig i hundetræning, men er altid kontraproduktivt. Selv om det kan være udmattende og frustrerende, når din hund pludselig holder op med at lytte til dig, skal du holde ud, for denne fase har også en ende.

DE FØRSTE LEKTIONER

En hund skal ikke kun kende visse kommandoer, men også forstå nogle få grundlæggende regler for adfærd. Det gør samlivet meget lettere og styrker båndet mellem menneske og hund. Din hvalp bør lære følgende adfærd i løbet af de første par uger og begynde at internalisere dem.

Stuepasser

Du må ikke gøre dig nogen illusioner. En ung hvalp vil komme ud for et uheld eller to i boligen. Han kan endnu ikke kontrollere sin trang til at tisse ordentligt. Du skal ikke bebrejde hvalpen et sådant uheld, men hjælpe den med at blive staldtæmmet fra starten. Mange hvalpe kan ikke kontrollere deres blære og tarme ordentligt, før de er fire måneder gamle. Dette kan variere fra hund til hund. Selv en ældre hvalp kan komme ud for et uheld i ny og næ, når den er meget ophidset.

Det fungerer normalt godt at træne hunde til at blive stalddresseret, hvis du holder dig til nogle få enkle regler. Det er ikke kun i din interesse, men også i hundens interesse, at den ikke løber løs i boligen. Med en voksen hund er det tilstrækkeligt at gå en tur tre gange om dagen. Med en hvalp er dette dog meget oftere nødvendigt. Du bør altid tage hvalpen med udenfor, når den har spist eller drukket. Dette er indlysende. Når hvalpen vågner op, enten om morgenen eller efter en daglig lur, skal den også have mulighed for at gøre sine behov. Men der er andre lejligheder, hvor hvalpen skal med udenfor, som kræver din opmærksomhed. Hvis hvalpen f.eks. er meget ophidset eller snuser rundt på gulvet, kan det være et tegn på, at den skal tisse. At dreje rundt eller vente uden for hoveddøren kan også være et sådant signal. Notér de

SÆRLIGE FUNKTIONER I TRÆNING AF HVALPE

steder, hvor hvalpen har sluppet sig løs inde i boligen, for hvis den går hen til disse steder igen, kan det også betyde, at du hellere må tage den med udenfor. Hvis du fanger hvalpen på fersk gerning, og den sætter sig på hug for at gøre sine behov, skal du forsøge at tage den ud med det samme. Du må ikke skælde ham ud, men bære ham uden kommentarer ud. Når hvalpen slipper de sidste dråber ud udenfor, skal du rose den overstrømmende for at gøre det. Det nytter i øvrigt ikke noget at skælde hvalpen ud, hvis den går indendørs. Det er meget mere effektivt at rose ham, når han klarer at gøre sit arbejde udenfor. Du kan opleve, at du lige er kommet tilbage fra en gåtur, hvor hvalpen ikke er kommet afsted. I stedet gør han det på gulvtæppet, når han lige er kommet hjem. Selv om det kan være irriterende, skal du være opmærksom på, at det ikke er ment som en dårlig eller uartig handling. Især unge hunde er ofte meget ophidsede, når de er ude at gå en tur, og de er for distraherede til at løsne sig. Nogle gange kommer det først tilbage til dig, når du er tilbage i dit trygge hjem. Når du rydder op efter uheldet, er det bedst at bruge et rengøringsmiddel, der er specielt beregnet til dette formål. Sørg for ikke at bruge rengøringsmidler, der indeholder ammoniak, f.eks. eddike-rengøringsmidler, da det kan tilskynde hundene til at slippe løs på det pågældende sted igen. Du kan finde egnede rengøringsmidler i kæledyrsforretninger, som ikke har denne virkning, fordi de ikke indeholder nogen tilsvarende duftstoffer.

Håndtering af snor

Ved at lære din hund at gå fornuftigt i snor gør du ikke kun noget godt for din hunds sundhed, men også for dig selv. Konstant træk i snoren kan give hunden sundhedsproblemer. Hvis han bærer en krave, kan det konstante pres på halsområdet føre til betændelse i strubehovedet. Hvis der bæres en sele, kan det naturlige gangmønster ændres, og der kan derfor opstå ubehag. Det er indlysende, at en hund, der konstant trækker i snoren, også kan være meget stressende for dig som ejer. Derfor skal du begynde at lære hunden at gå i snor i en tidlig alder. Du må heller ikke undervurdere hundens intelligens, for denne fejl fører ofte til, at hundene trækker i snoren, selv om du i ejernes øjne burde vide bedre. Ofte er hunde overbevist om, at det er en god måde at trække i snoren på for at komme hurtigt og effektivt frem til en destination. De har gjort sig den erfaring, at hvis de trækker i en bestemt retning, vil ejeren følge dem, og dermed vil de nå deres mål. At du som ejer lader din hund lede dig i en retning sker ofte helt ubevidst, fordi du også ønsker at lade din hund udforske omgivelserne, eller måske vil du alligevel gå i den retning. Vær opmærksom på denne fare, for så kan du aktivt modvirke, at hunden kommer til den konklusion, at det er en god måde at trække i snoren på for at nå sine mål.

Som altid, når du træner med din hund, bør du starte i et miljø med så få eksterne stimuli som muligt, f.eks. din egen stue eller have. Det hjælper hunden til at koncentrere sig om øvelsen. Til øvelser i dit eget hus kan du også bruge en huslænke. Det første skridt er endnu ikke at få hunden til at gå perfekt ved siden af dig, men at få hans opmærksomhed, mens den er i snor. Så snor hvalpen og tal kort til den for at få dens opmærksomhed. Gå derefter et par skridt, mens du sørger for, at snoren forbliver løs. Hvis hundens opmærksomhed bliver hos dig, skal du belønne den.

I det andet trin udvider du denne øvelse. Når du har rost den, vil hunden sandsynligvis vende sin opmærksomhed tilbage til andre ting og begynde at trække i snoren. Hvis han gør det, så tiltrækker du kortvarigt hans opmærksomhed igen, vender ryggen til ham og ignorerer ham, indtil snoren slapper af igen. Hvis hunden igen er opmærksom, kan du rose den. Nu kan du også indføre et signalord, f.eks. "hæl".

Med denne enkle opmærksomhedsøvelse kan du derefter øge sværhedsgraden trin for trin. Træn på steder med flere distraktioner, og tag flere og flere skridt, indtil du belønner hunden. Hvis du til enhver tid kan få din hvalps opmærksomhed, og den derfor løsner op for træk i snoren, har du skabt grundlaget for gode færdigheder i at gå i snor hos den voksne hund.

SÆRLIGE FUNKTIONER I TRÆNING AF HVALPE

Alene hjemme

Før eller senere bliver en hund nødt til at blive alene hjemme. For at gøre denne situation så behagelig og angstfri som muligt for hunden bør du træne den i at være alene, før du lader den være alene i længere tid. Vær dog opmærksom på, at selv voksne hunde, der godt kan være alene, ikke bør være alene hjemme i mere end seks timer om dagen.

For en hvalp kan selv et par minutter alene betyde enorm stress for en hvalp. Start øvelserne ved at forlade det rum, hvor hvalpen befinder sig, i et par sekunder. Alene dette kan være meget svært i den første tid, fordi hvalpen vil følge dig overalt, hvor du går. Det eneste, der hjælper, er at skifte mellem forskellige rum, indtil hunden ikke længere har lyst til at følge dig eller har brug for en pause. Bare rolig, hvalpe har også brug for masser af søvn og hvile. Når du efterlader hunden, skal du undlade at sige et udførligt farvel, da denne adfærd signalerer til hunden, at der snart skal ske en særlig begivenhed, og øger dens spændingstilstand. Forlad i stedet rummet på en afslappet og rolig måde. Når du vender tilbage, bør du også afholde dig fra en overstrømmende hilsen. Det kan være meget svært, når du bliver mødt af en ophidset lille hund, men ved at bevare roen gør du hunden godt i det lange løb. Du behøver ikke at ignorere hunden helt, men en rolig, kortfattet hilsen bør være nok.

I de første øvelser, hvor du forlader rummet, behøver du endnu ikke at lukke døren bag dig, det er tilstrækkeligt, at hvalpen ikke længere er i samme rum, og at øjenkontakten er afbrudt. I det næste trin lukker du døren bag dig. Før hvalpen kan begynde at klynke, skal du åbne døren igen, straks efter du har lukket den. På denne måde er der ingen frygt for, at døren lukker. Når du har øvet dig på dette i et stykke tid, kan du forlænge den tid, som døren forbliver lukket. Det er ikke usandsynligt, at hvalpen i starten vil klynke, klynke eller gø, når den er alene i rummet, for at tiltrække opmærksomhed. Du må ikke belønne denne adfærd ved at give ham din opmærksomhed. Vent i stedet, indtil han falder til ro, og beløn ham for det. Når du har lukket døren bag dig, kan du med tiden også forlade lejligheden kortvarigt. Når du forlader lejligheden, er der et par ting, du skal huske på for at undgå at sætte hunden under unødig stress. At forlade huset indebærer normalt visse ritualer, f.eks. at tage sko og jakke på og sætte nøglen i. Sørg for at variere disse aktiviteter, så hunden ikke kan genkende et mønster, som annoncerer din afrejse tidligt, da den ellers kan blive nervøs, før du overhovedet har forladt huset. Du kan f.eks. gå ud uden jakke eller blot tage dine hjemmesko på i stedet for dine normale sko.

Du kan lette den stressende situation, som det er for hvalpen at være alene, ved at gøre det så behageligt som muligt for den. Efterlad kun hvalpen i et rum, hvor den har et velkendt tilflugtssted. Nogle hunde har tendens til destruktiv adfærd, når de er stressede, og de tygger på møbler, ledninger og sko for at lindre deres stress. Efterlad masser af legetøj og snacks til din hund. Det vil give ham mulighed for at lette sin stress og holde sig selv beskæftiget, mens han er alene.

Spørgsmålet om, hvor længe du kan lade din hvalp være der i hvilken alder, kan ikke besvares generelt. Det er dog rigtigt, at en meget ung hund bør være alene så kort tid som muligt, og voksne hunde bør heller ikke være alene i mere end seks timer om dagen.

DE FØRSTE KOMMANDOER

Som allerede nævnt skal du ikke forvente, at din hvalp behersker alle kommandoer uden fejl i en meget ung alder. Hvalpe kan ligesom menneskebørn ikke koncentrere sig i særlig lang tid og bliver let distraheret. Du må ikke bebrejde hvalpen dette, for det kan skade jeres forhold. Vær tålmodig, og gentag træningen af kommandoerne i regelmæssige og korte træningssessioner. Sørg også for, at det hele foregår på en afslappet og legende måde, for din hund skal også have det sjovt med øvelserne. Som det så ofte er tilfældet: "Vejen til en hunds hjerte går gennem dens mave." Du skal dog ikke overfodre din hund med usunde, alt for store godbidder, for det gør du ikke nogen tjenester ved at gøre det. Brug i stedet små, fedtfattige træningssnacks, der smager godt for din hund og ikke skader dens sundhed. Hvis du vil starte en træningssession, skal du sørge for, at din hund er modtagelig. En træt, hyperaktiv, ængstelig eller nyfodret hund er en vanskelig træningspartner. Hvis din hvalp hviler sig eller endda sover, skal du vente, indtil den er vågen og udhvilet. Hvis det modsatte er tilfældet, og din hvalp er meget hyperaktiv i øjeblikket, kan du afhjælpe situationen med en kort gåtur. I uvante eller stressede situationer vil du have svært ved at komme tæt på din hvalp. Disse situationer er slet ikke egnede til at øve nye kommandoer. I stedet bør du fokusere på at lære hunden at håndtere situationen godt. Det kan også være svært at få hundens opmærksomhed kort tid efter fodringen, af den simple grund at den er mindre interesseret i belønningen, hvis den ikke er sulten. Derfor er det en god idé at have et lille træningspas før hvert måltid.

De følgende kommandoer er grundlæggende kommandoer, som alle hunde før eller siden bør beherske.

"Sid"

Kommandoen "Sit" er en fremragende introduktion til kommandotræning, fordi den er let for hvalpen at forstå og gennemføre, og samtidig let for dig som ejer at lære den. Sørg for, at din hund er opmærksom og modtagelig. Hold derefter en godbid foran hvalpens snude, og lad den snuse kortvarigt til den. Bevæg derefter hånden med godbidden opad og hen mod hundens ryg. Dette vil snyde din hund, fordi den vil følge godbidden med snuden og automatisk sætte sig ned. Det er bedst at indføre et håndsignal ud over lydsignalet. En udstrakt pegefinger er f.eks. velegnet til dette formål. I det øjeblik hunden bevæger sig ind i siddestillingen, mens den følger godbidden med næsen, skal du sige kommandoen "Sit!" og belønne den straks med godbidden. Den umiddelbare belønning er vigtig, for først da forbinder hunden kommandoen med at sætte sig ned.

Figur 2: Visuel signal "Sit"

Det er sådan, hvalpen lærer kommandoen "Sit!":

- Unge hvalpe, der endnu ikke har haft nogen erfaring med indlæringsøvelser, forstår meget hurtigt kommandoerne "Sit" og "Ned".
- For "Sit" skal du tage en godbid mellem tommelfinger og langfinger.
- Før hånden med godbidden op forbi hans næse.
- Så snart bagdelen bevæger sig mod gulvet, skal du give kommandoen "Sit!".
- Hvis hvalpen sætter sig ned, men derefter forsøger at rejse sig på bagbenene, skal denne adfærd stoppes med et skarpt "Nej".
- Når hvalpen har sat sig ned, gives belønningen med det samme.
- Vent længere hver gang, før du giver en godbid.
- Efter et par øvelser kan du sige kommandoen "Sit" uden at give en godbid, da hvalpen kun skal reagere på håndsignalet.

"Sted"

Når din hund har forstået kommandoen "Sit", kan du introducere ordet "Sit". Princippet her er det samme, bortset fra at du i dette tilfælde holder godbidden foran hans næse og derefter langsomt bevæger den mod gulvet og lidt væk fra ham. Igen vil hunden automatisk lægge sig ned for at holde kontakten med godbidden. Så snart han lægger sig ned, siger du kommandoen "Sit!" og belønner ham. Et almindeligt håndsignal er hånden, der lægges fladt på gulvet.

Det er sådan, hvalpen lærer kommandoen "Sit!":

- Når hunden har lagt sig på sin plads eller sit tæppe, kan du stryge den, mens du siger "Sit" igen og igen. På denne måde forbinder han ordet "sidde" med en positiv oplevelse.
- Så snart du opdager, at hvalpen er træt, lokker du den hen til kurven, f.eks. med en godbid. Hvis han lægger sig ned i kurven, gentager du ordet "Sit".
- Når du har gentaget denne øvelse i et stykke tid, er det næste skridt at forsøge at sende hvalpen hen til sit tæppe eller sin kurv blot ved at sige ordet "sid". Hvis det sker uden yderligere problemer, skal der lyde en stor ros.

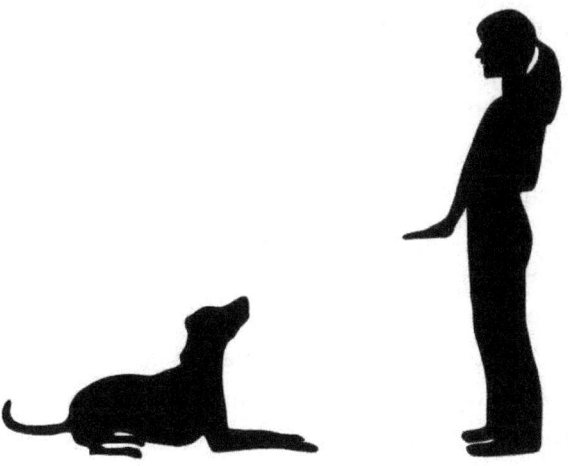

Figur 3: Visuel skiltning "Sted

"Vent"

Kommandoen "Vent" er vigtig for hundens sikkerhed og kan f.eks. forhindre den i at løbe ud på en trafikeret vej, hvis snoren skulle glide. For at lære "Vent" skal din hund have behersket kommandoen "Sit". Lad din hund sidde. I stedet for at belønne ham direkte, kan du vise ham den flade hånd og sige kommandoen "Vent". Vent først kun et par sekunder, og beløn ham derefter med godbidden, hvis han er blevet siddende lydigt. Øg gradvist den tid, du lader din hvalp vente, indtil den forstår kommandoen. Derefter kan du forlænge kommandoen, og mens du lader hunden sidde og vente, kan du langsomt bevæge dig væk fra den, mens du altid vender dig mod den. Først når dette fungerer perfekt, bør du vende ryggen til ham, mens du lader ham vente, da han ellers kan fortolke dette som en afslutning af øvelsen og afbryde sin ventetid.

"Kom her"

Du kan begynde at træne kommandoen "Kom her" på to måder, som også kan gøres parallelt. For det første skal du observere din hvalp i et stykke tid, indtil den løber hen til dig af sig selv. Normalt tager dette aldrig særlig lang tid, for det første fordi hvalpen altid søger nærhed til sin omsorgsperson, og for det andet fordi den senest når den opdager, at du holder øje med den, løber den hen til dig af ren interesse. Så kalder du blot "Kom her!" og er glad for, at hunden kommer. Du kan også belønne ham med en godbid.

Den anden metode er at kæde træningen sammen med kommandoen "Vent". Til dette formål skal hvalpen allerede have tillid til gennemførelsen af "Wait". Lad hvalpen vente og gå lidt væk fra ham. Kald derefter "Kom her!", og beløn ham med en godbid, når han kommer.

Det er vigtigt at træne at komme her også uden for stuen. Når du er ude, skal du altid medtage denne kommando, når du er på farten.

"Hent "

Tilbagebringning indebærer også, at hunden afleverer sit "bytte". Denne del af øvelsen giver god mening. Du behøver trods alt ikke altid at reagere med et hårdt "sluk"-forbud, når din hund har noget i sin fangst, som du vil tage fra den. Prøv en ombytning.

Giv hunden en godbid og sig "sæt den ned". Din hund kan frit beslutte, om den vil tage imod godbidden eller ej. Hvis han vil tage den, skal han lægge det, han har i munden, fra sig. Giv hunden godbidden, og ræk straks ud efter bytteobjektet. Din hund bør under ingen omstændigheder få begge dele.

Figur 4: Visuelt signal "Off

"Heel"

Når din hund er sikker i "Heel", kan du lade den gå med dig uden snor på steder, hvor det er tilladt. Du kan øve "Heel" ved at holde en godbid i din venstre hånd under gåturen og lade hunden lugte til den, mens du går. Han vil automatisk gå ved siden af dig, hvorefter du siger "Heel" og belønner ham.

HVALPEGRUPPER

Konceptet med en hvalplegegruppe, hvor mange forskellige søde små hvalpe samles og kan boltre sig og lege sammen, lyder i første omgang som en god idé. Men mange eksperter ser faktisk kritisk på den. Der er mange grunde til dette, og de er beskrevet nedenfor. I sidste ende er det op til dig at beslutte, om du vil deltage i en hvalplegegruppe med din hvalp. Under alle omstændigheder bør du dog også forholde dig til kritiske røster på forhånd og derefter træffe din beslutning.

På den ene side er der det biologiske niveau. I modsætning til hvad man kunne tro, er det slet ikke naturligt, at hvalpene mødes i disse legegrupper. Flokke består af dyr, der er beslægtede med hinanden og lever sammen hele livet. I hvalplegegrupper er hverken det ene eller det andet tilfældet. Her samles hunde, som ikke er i familie med hinanden, som normalt ikke kender hinanden uden for legegruppen, og som bestemt ikke bor sammen.

Desuden kan situationen i legegruppen, hvor hvalpen leger vildt med mange andre hunde, have en negativ indflydelse på træningen. En hvalp vil næppe være i stand til at koncentrere sig om ejerens kald og kommandoer, når den er omgivet af andre unge hunde. Den kan derefter overføre denne uopnåelighed til andre situationer i livet, hvilket gør det generelt sværere for dig at få din hunds opmærksomhed, når den møder andre hunde.

Man hører ofte argumentet om, at hunde som meget sociale væsener har brug for regelmæssig kontakt med artsfæller. Det er helt korrekt. Men det er ikke korrekt, at en hvalplegegruppe er nødvendig for dette. Hunden er tyskernes mest populære kæledyr. Derfor kan du møde andre hunde i næsten alle boligmiljøer og dermed give din hund sociale kontakter, som finder sted uden for en sådan legegruppe. Selv hvis du bor i et meget afsidesliggende område, eller hvis der næppe er nogen velsocialiserede hunde i dit nabolag, er der andre måder at lade din hund lege med andre hunde på. Hundelegepladser er meget udbredte og let tilgængelige fra næsten overalt. Her kan du møde andre hunde på de betingelser, du selv fastsætter.

Det sidste punkt er meget vigtigt, nemlig risikoen for skader. De fleste hvalplegegrupper ledes af erfarne personer, men alligevel kan risikoen for skader ikke helt udelukkes. Hunde af mange forskellige racer og baggrunde mødes. Som følge heraf er nogle hvalpe klart fysisk overlegne i forhold til andre. Dette kan føre til aggressiv adfærd mellem hundene. Desuden har nogle racer særpræg i deres kommunikation, som kan føre til misforståelser mellem hvalpene. Store hunde kan fra en tidlig alder lære, at de kan dominere andre hunde fysisk. Senere i livet kan denne holdning bringe dem i fare, hvis en anden hund ikke vil finde sig i denne dominansadfærd. Små hunde lærer på den anden side tidligt, at de skal forsvare sig aggressivt mod fysisk overlegne legekammerater for at vise deres grænser. Selv en svært overvældet eller bange hvalp kan bide i en frygtreaktion.

Emner

Man holder en hund, kan der altid opstå problemer. Især hvis du tager en hund ind, der allerede er voksen, kan den allerede have internaliseret visse negative adfærdsmønstre. Hunde fra dyrevelfærd kan have en traumatisk historie, hvilket kan føre til adfærdsproblemer. Heldigvis behøver du ikke at finde dig i dette, for voksne hunde er også i stand til og villige til at lære.

Muligheden for, at en voksen hund kan have internaliseret negativ adfærd, bør ikke afskrække dig fra at overveje at adoptere en voksen hund. På den ene side kan de fleste adfærdsmønstre modvirkes, og på den anden side er der også nogle fordele, hvis din hund allerede er voksen. Hvalpe kan være meget krævende og har brug for en enorm mængde opmærksomhed og pleje i de første måneder af deres liv. Desuden kan hunde, der er blevet optaget som hvalpe, også udvikle disse problematiske adfærdsmønstre, hvis der er begået fejl i deres opdragelse. Desuden er karakteren af en voksen hund allerede blevet fastlagt, så du ved, hvad du får. Det er meget sværere at vurdere med en hvalp. Hvis det er muligt, skal du lære hunden at kende, før du tager den ind, og finde ud af dens historie.

HVALPEN I PUBERTETEN

Uddannelse og træning af den unge hund

Den bedste måde at træne din hund på er ved hjælp af positive stimuli og opmuntring af hvalpen. Selv voksne hunde lærer stadig på denne måde. Det kan dog betyde lidt mere tid og arbejde for hundeejeren.

I de seneste år er positive træningsmetoder blevet udviklet konstant, og teknikkerne er blevet forbedret. Ved denne metode til "positiv træning" kombineres eller belønnes bekræftelsen af, at hunden har udvist en god, korrekt og ønsket adfærd, med noget bekræftende, f.eks. en godbid, ros eller et klap. I praksis forbinder hunden så sin adfærd med positive følelser, og den vil derefter vise denne adfærd oftere og oftere. Denne måde at træne på har især fordele, og båndet mellem menneske og hund styrkes. Den er nem at anvende i de grundlæggende kommandoer og i træningen til at blive en arbejdshund.

En uønsket adfærd bør ikke nødvendigvis ignoreres. Du kan også skælde din hund ud, men det bør ikke være overdrevet eller endda på en aggressiv måde. Bemærk dog, at du kun bør skælde din hund ud, når den opfører sig dårligt i øjeblikket.

Hvalpen lærer bedst, når det, den har lært, altid gentages og kombineres med nye øvelser. Det betyder, at du gentager en og samme kommandoer i et stykke tid, og at den unge hvalp belønnes for dette.

Pubertet hos hunde: Når peltnæsen bliver oprørsk ...

Ikke lyst til det, pludselige kaprikker kombineret med en masse aktivitet, oprør igen og igen og kun lidt respekt for flokederen - det er de "pelsede teenagere"! Unge hunde, der er i puberteten, har dog meget til fælles med det menneskelige "pubertetsdyr".

Den unge hund, der var "klassens bedste" og lydig i hundeskolen, kan pludselig ikke en eneste kommando, og på legepladsen brokker den sig over andre hunde uden grund - ikke en særlig rar situation for ejeren. Men sådanne faser går over med tiden.

Overgangen til "voksenlivet" begynder efter hvalpefasen. Puberteten er let genkendelig ved tandskiftet, som normalt finder sted mellem den fjerde og syvende måned. Hvalpen mister nu sine mælketænder, og de "rigtige" tænder vokser frem. Udviklingsfasen pubertet går næsten problemfrit over i voksenlivet, så de kan næppe adskilles.

Afhængigt af racen varer puberteten mere eller mindre længe, og hunden bliver kønsmoden i denne fase. Som regel begynder ungdomsårene mellem den sjette og tolvte måned. Hos tæver kan man genkende begyndelsen af puberteten ved den første brunst, mens hannerne løfter benene oftere, når de tisser. Et andet tegn på pubertet er den pludselige interesse for andre hundes markeringer og en tendens til at lege udforskende lege. Det er i disse måneder - som kan vare op til tolv måneder - at hunden udforsker sine grænser.

På grund af stress eller ernæringstilstand (for tyk/for tynd) kan ungdomsårene fremskyndes eller forsinkes tilsvarende. Naturen har indrettet det sådan, at dyret først bliver kønsmodent, når der er tilstrækkelige fysiske reserver, og dyrene bevæger sig i et sikkert miljø.

Ved slutningen af puberteten begynder udviklingsårene til voksenalderen, som kan tage yderligere tre til fire år. Først når hele denne periode er gået, er hvalpen en rigtig voksen, både fysisk og mentalt.

Denne fase af livet er påvirket af øget vækst, den endelige udvikling af sekundære kønskarakteristika og en ændring i adfærd eller humør. Men hvad ændrer sig egentlig?

- Miljøet bliver mere spændende
- Hunden bliver mere modig og bevæger sig længere og længere væk fra sin plejer.
- Jagtinstinktet kan øges
- Der forekommer racetypiske adfærdstræk
- Den seksuelle adfærd udvikler sig

- Ændringer i spilleadfærden
- Dyret reagerer mere bange eller aggressivt på velkendte situationer

I lighed med os mennesker sker ændringen ikke kun i den ydre og synlige adfærd, men også den indre struktur "genopbygges", hvilket betyder, at hunden f.eks. udvikler sig mentalt.

Hormonet "GnRH", "Gonadotropin Releasing Hormone", sætter gang i ungdomsårene. Dette hormon fremmer frigivelsen af kønshormoner, og det fører igen til frigivelse af andre neurotransmittere i hjernen. Hundens adfærd skifter mere og mere fra en "barnlig" og følelsesladet adfærd til en voksen og fornuftig adfærd.

Hvad udløser hundens pubertet?

I puberteten sker der forskellige forandringsprocesser i organismen, som ikke kun har en effekt på kroppen, men også medfører mental modning. Sådanne ændringer er anført nedenfor, så ejeren bedre kan forstå sin hunds adfærd:

Ændringer i nervecellerne som følge af vækstspurter: For at hjernen kan arbejde mere effektivt med stigende alder, "genopbygges" nerveforbindelserne så at sige. Vigtige forbindelser styrkes endnu mere, og mindre vigtige forbindelser reduceres. Alt dette sker hovedsageligt i den præfrontale cortex, den del af hjernen, der er ansvarlig for bevidste processer, tænkning og læring, og som gør det muligt at foretage den tilsvarende reaktion.

Derfor er det muligt, at der kan forekomme impulsive handlinger i puberteten. Andre områder, som f.eks. mandelkernen, vokser også i denne fase.

Amygdala er det område i hjernen, der er ansvarlig for følelser: frygt, aggression eller glæde. Dette påvirker også hundens følelsesliv. Han kan blive lidt mere uforudsigelig.

Hormonsvingninger: De to hormoner testosteron og dopamin forårsager rastløshed hos hunden, da receptorcellernes modtagelighed også er i en ændringsfase. Det kan betyde for dyret, at det bliver mere modtageligt for stress eller også mere ophidset end tidligere. Hunden reagerer overfølsomt på ydre stimuli. Ligesom han reagerer på omstændigheder, som han er bekendt med. Det er typiske humørsvingninger, som også teenagere kender til.

Hvordan kan man genkende pubertet hos en hund?

Hvis en hund er i pubertetsfasen, kan ejeren primært genkende det ved, at hunden også bliver mere humørsyg og reagerer tilsvarende på omgivelserne. Den er til en vis grad uregelmæssig. Hvor stærk ungdomstiden er, afhænger naturligvis altid af det enkelte dyr, da hver hund har individuelle egenskaber. Grundlæggende kan man dog sige, at enhver form for ungdomstid har til formål at konsolidere voksne adfærdsmønstre.

Hvad er faserne i en hunds udviklingsår?

En hund gennemgår to følsomme og formative faser i sit liv. I begyndelsen er der "rangfølgefasen", dvs. tiden mellem den tolvte og sekstende uge.

Det svarer til trodsfasen hos småbørn. Den anden vigtige og formative fase er puberteten. Det sker normalt mellem den sjette og tolvte måned, men det afhænger af hunderacen. Hos tæver er den første løbetid det første signal, og hos hanner er overgangen fra unghund til teenager ret flydende. Et første tegn kan dog være, at hanhunden løfter benet, når den tisser, og begynder at markere. Ungdomsårene aftager langsomt, når dyret er fuldt udvokset mellem det andet og tredje år.

Husk dig selv på, at efter et par måneder er denne fase også forbi.

Det er også spændende, at hunden gennemgår en anden fase af personbinding i puberteten: brug denne tid intensivt og uddyb forholdet til din hvalp.

Hvad skal man være opmærksom på i hundens pubertet?

For at få peltnæsen godt igennem den dejlige pubertetsperiode skal man have ekstremt stærke nerver, meget tålmodighed og meget kærlighed. Mens den unge hund har accepteret dig som sin flokleder uden at gå på kompromis og har været i stand til at orientere sig, har den halve hvalp kun én ting i tankerne: at gøre sig uafhængig.

Den nuttede hvalp bliver derefter et stykke tid et hoved af trods. Det skal du være forberedt på, hvis du har til hensigt at tage en ung hund ind i familien.

Følgende punkter bør overholdes i din hunds ungdomsår:

Autoritet: Du skal altid hævde dig selv. Selv om du kan vise hunden en vis forståelse, må du aldrig lade dårlige vaner få overhånd. Du skal altid forblive den selvsikre og uimponerede leder af flokken, som hunden føler sig tryg ved, selv i vanskelige perioder. Især hvis hunden tager en usikker retning på dette tidspunkt, kan du hjælpe den med din sikkerhed. Det samme gælder naturligvis, hvis han har en tendens til at være ustyrlig. Så skal du handle hensigtsmæssigt i forhold til situationen og ikke være så opmærksom på ham.

Tålmodighed: Nogle hunde kan tilsyneladende ikke huske, hvad de har lært. Han er tilsyneladende langsom til at forstå det, eller hans reaktion lader meget tilbage at ønske, når du kalder ham til dig. Selv om det er svært, skal du forstå det og bruge meget tid sammen med ham. Gør den glad for at lære igen og genopfrisk de tidligere kommandoer og tricks, eller lær hunden nye ting - med masser af opmuntring og ros.

Beskyttelse: Husk på, at en hund i puberteten ofte fejlvurderer mange farer og ikke kender nogen risiko. Hold altid øje med din hund, og grib ind, hvis den "unge" bringer sig selv i fare. Hold ham i kort snor, hvis han begynder at blive gnaven over for andre hunde.

I denne fase bør du - hvis muligt - undgå at tage den med et andet sted hen eller lære den et helt nyt læringsindhold.

Det er nye omstændigheder og betingelser, som den skal vænne sig til, og det vil kun overvælde den følsomme hund.

AGGRESSION I SNOR

Læseudvikling henviser til den adfærd, der opstår, når en hund opfører sig aggressivt, mens den er i snor. I dette tilfælde er der tale om hunde, som udelukkende er aggressive, når de er i snor, og som opfører sig relativt fredeligt, når de er i frihed. Der er altså en klar adfærdsændring, som er direkte relateret til at være i snor.

Lad os først se på årsagerne til, at der kan opstå aggression i snor.

Ofte udvikles lænkeaggression i puberteten, når den unge hund begynder at afprøve sine grænser og udvikler en stærkere egen vilje. Hunden har naturligvis altid en stor interesse i at komme i kontakt med artsfæller. Ejeren har på den anden side en interesse i, at hunden lærer at gå i snor uden at trække. Disse to interesser er i direkte modstrid med hinanden. Ejeren holder derfor hunden tilbage, når den møder andre hunde, og forventer, at den fortsætter med at "gå på hælen". Dette fører til frustration hos hunden, som kan give sig udslag i aggressiv adfærd. Hvis hunden viser aggressiv adfærd i snor for første gang, fører det ofte til en ond cirkel, hvor ejeren forsøger endnu mere for at holde hunden væk fra artsfæller, og hundens frustration øges yderligere. Ud over den oplevede frustration er der normalt en konditionering af hunden. Synet af artsfæller, som tidligere udløste glæde og interesse, bliver med tiden forbundet med den frustration og stress, det er at være fastholdt. Resultatet er, at hunden frigiver stresshormoner og bliver aggressiv ved blot synet af en anden hund. Det sker kun, når han er i snor, for uden snor kan han søge kontakt med sin kammerat, så han er heller ikke stresset eller frustreret.

En anden årsag til aggression i snor kan være den begrænsede mulighed for kommunikation i snor. Normalt kommunikerer hunde på afstand gennem deres kropssprog. For at kunne kommunikere på denne måde har hunden brug for en vis mængde plads, hvilket den ikke har i en kort snor. Derfor ville han ikke gå direkte hen til en artsfælle, som han gerne ville konfrontere på en venlig måde, men snarere bukke let. Andre beroligende signaler er at sætte sig ned eller ligge ned og vende hovedet væk. Hunden kan ikke sende alle disse signaler, hvis den holdes i kort snor af ejeren og føres direkte hen til den anden hund. Dette fører uundgåeligt til misforståelser mellem hundene, fordi en frontal tilgang uden et beroligende kropssprog let kan tolkes som en truende gestus. Resultatet er aggressiv adfærd, da hundene føler, at de er nødt til at forsvare sig.

Gadehunde og hunde fra vanrøgtede hjem har normalt ingen erfaring med at gå i snor og har derfor svært ved at forstå den nye situation fra starten. Den begrænsede frihed kan i sig selv være en stressfaktor, hvortil kommer de begrænsede kommunikationsmuligheder. Derfor skal du være særlig empatisk over for sådanne hunde, når du begynder at øve dig i at gå i snor.

Så hvordan kan du forebygge og modvirke aggressivitet i snor? Du bør starte med en velsiddende halsbånd eller sele. Hvis hunden har smerter eller føler sig utilpas og begrænset af at være i snor, er det første skridt i retning af snor aggression og står i vejen for fredelig adfærd. Den anden hjørnesten er ejerens mentale indstilling. Hvis du er stresset af at se andre hunde eller mennesker, vil det blive overført til hunden. Før altid din hund på en sikker og selvsikker måde, og giv den en følelse af tryghed. Prøv at skabe en positiv forbindelse i hundens sind, der sikrer, at det er en positiv begivenhed for den at gå i snor og møde artsfæller og andre mennesker. Sørg for, at hunden har den plads, den har brug for til at kommunikere med den anden hund gennem kropssprog.

DEN NATURLIGE JAGTADFÆRD

Det er almindeligt kendt, at hunde har et naturligt jagtinstinkt. Dette instinkt er til stede hos alle hunde i varierende grad. Du har allerede lært i kapitel 1, at de forskellige hunderacer er blevet avlet til forskellige formål, og at der derfor er visse tendenser til racetypisk adfærd. Det er naturligvis indlysende, at jagthunde har en særlig stærk disposition til at udvise jagtadfærd. Naturlig jagtadfærd betyder ikke nødvendigvis en negativ indflydelse på forholdet til din hund. Hunden kan udfolde denne adfærd, når den leger sammen. Det bliver problematisk, når hunden ikke længere kan kaldes tilbage, så snart dens jagtinstinkt er til stede. Et almindeligt tilfælde er hunden, der, så snart den ser en kat, glemmer alle kommandoer og god træning og jager efter katten, så snart den ser en kat. Nogle hunde forsøger endda at jage biler. Selv en afslappet gåtur i skoven kan blive en reel stressfaktor for ejeren, hvis hunden forsøger at jage alle egern, der kommer forbi. En sådan ukontrolleret jagtadfærd er ikke kun meget stressende og nervepirrende for ejeren. Hunden kan også bringe sig selv i reel fare, da den kan ignorere mulige farer og f.eks. løbe ud foran en bil i bevægelse. Og så må vi naturligvis ikke glemme de mulige problemer, du kan få med ejeren af naboens kat, som du jager, eller med en skovfoged, hvis din hund ikke har sit jagtinstinkt under kontrol. Så hvis du føler, at din hund mister sin lydhørhed, så snart dens jagtinstinkt er aktiveret, eller hvis din hund endda løber væk regelmæssigt, er der helt sikkert behov for handling fra din side.

Du er bedst stillet, hvis du forhindrer din hund i at udvikle uønsket adfærd fra starten af. Træn jævnligt din hunds tilbagekaldelse, så farlige situationer, hvor hunden bliver selvstændig, slet ikke opstår i første omgang. Din hund bør ikke lytte til dig, når du først har kaldt på den flere gange, for det er et tegn på, at den vil være endnu mere ulydig, når dens jagtinstinkt er blevet tilgodeset. Hvis din hund allerede har en tendens til at være mere selvstændig og selv bestemme, om og hvornår den vil reagere på en kommando fra dig, er det på tide at arbejde på at få den til at lytte bedre til dig. Du kan f.eks. øve dig i at gøre det klart, hvem der forvalter hans ressourcer. Giv ham kun mad, når han tydeligt signalerer sin opmærksomhed til dig. Lad hunden "sidde" foran sin skål, og fyld skålen. Få ham til at vente, indtil du giver ham lov til at spise. På den måde forstår hunden, hvor vigtigt det er, at den er opmærksom og lytter til dine kommandoer, også selv om dens interesse egentlig er rettet mod noget andet, i dette tilfælde maden. Når hunden leger, skal den også lære, at det er dig, der bestemmer, hvor længe spillet varer. Derfor skal du afbryde et spil en gang imellem, selv om hunden gerne vil fortsætte med at spille. Efter et par minutter kan du fortsætte spillet. Hvis din hund har faste strækninger på sin daglige gåtur, hvor den må gå uden snor, skal du også tage den i snor af og til på disse strækninger. Det hjælper også at lade hunden stoppe op på bestemte steder og først fortsætte gåturen efter dit signal. Alt dette kan forhindre, at der opstår problemer på grund af hundens jagtinstinkt.

Du kan normalt genkende de første tegn på ukontrolleret jagtadfærd på et tidligt tidspunkt. Jagten på hunde foregår i otte faser. Hvis du er i stand til at vurdere, hvornår din hund skifter til en jagtstilling, har du mulighed for at gribe ind i tide. Du skal dog være opmærksom på, at hundeavl har betydet, at hunde i dag ofte ikke længere har alle otte faser i deres jagtadfærd. Alle hunde med et stærkt jagtinstinkt har dog visse signaler, der angiver de første faser, hvor du stadig kan gribe godt ind. Den første fase er at finde byttet. Dette indebærer ofte, at hundens ører spidser op og bevæger sig i forskellige retninger. Hunden bruger også sin lugtesans til at forsøge at finde sit bytte ved at snuse rundt. Fase to er fiksering. Hunden har fornemmet et bytte og fokuserer nu på det. Ørene peger i en bestemt retning, og hundens blik er rettet i samme retning. Mange racer løfter en af deres forpoter, en adfærd, der kaldes at pege. Især jagthunde har en tendens til at udvise denne adfærd, da det signalerer til jægeren, at hunden har set et byttedyr. Disse to første faser er det bedste tidspunkt at gribe ind på, så hold øje med sådanne signaler. I den tredje fase sniger hunden sig ind på byttet og går ofte ind i en slags tunnel, der gør det meget vanskeligt at hente det. Desuden bevæger hunden sig væk fra dig på dette tidspunkt, hvilket gør det endnu sværere at gribe ind. Den fjerde fase er den hurtige. Hunden springer efter byttet. Det er næsten umuligt at gribe ind på dette tidspunkt. Heldigvis er mange husdyr ikke succesfulde jægere og når normalt ikke frem til de sidste fire punkter i jagten, nemlig at gribe, dræbe, rive og æde byttet.

For hunde, der ikke har et stærkt jagtinstinkt, burde de hidtidige råd være tilstrækkelige til at håndtere deres jagtadfærd. Nogle hunde har dog brug for yderligere træning. For jagthunde er alle stimuli, der bevæger sig, først og fremmest af største interesse og har potentiale til at udløse en jagtrefleks. Derfor skal de lære at håndtere bevægende stimuli på passende vis og at lytte til dine kommandoer på trods af stimuli. I dette tilfælde skal kommandoen "Stay" øves og forstærkes til perfektion. Når din hund grundlæggende mestrer "bliv", som beskrevet i kapitel 3, kan du fortsætte med mere dybdegående træning. Hop op og ned, mens hunden venter. I det næste trin kan du vise ham et stykke legetøj og vifte med det. Hvis hunden stadig har kontrol over sig selv, kan du kaste legetøjet og lade den vente, indtil den må hente det.

Hunde med et stærkt jagtinstinkt skal have lov til at udfolde det inden for tilladte rammer. Til dette formål er apporteringsspil med bolde, frisbees eller pinde velegnede. Andre hunde foretrækker søgelege, hvor du f.eks. gemmer en godbid, som hunden så må lede efter. Lær din hund at kende, og giv den plads ved at give den mulighed for at følge sine naturlige behov. Generelt bør din hund få tilstrækkelig motion. Fysisk og mental underbelastning fører til adfærdsproblemer hos de fleste hunde.

TERRITORIAL ADFÆRD

Det foregående afsnit var hovedsageligt dedikeret til jagthunde og hunde med et stærkt jagtinstinkt. Dette afsnit handler om hunde, der har et stærkt behov for at vogte og forsvare et bestemt territorium. Dette er en typisk adfærd hos vagthunde, men forekommer også hos andre racer. Du vil måske blive overrasket over at høre, at såkaldte sociale hunde også har tendens til territorial adfærd. Dette henviser normalt mindre til et specifikt rum og mere til et territorium, som de definerer omkring deres omsorgsperson.

Territorial adfærd kan vedrøre hundens opholdsrum. Hunden har defineret et sted, som den opfatter som sit territorium. Han forsvarer dette rum mod ubudne gæster, og han ønsker at have kontrol over dette rum. Der er dog også skiftende territoriale rum omkring specifikke personer. Mange hunde forsvarer rummet omkring deres referenceperson mod ubudne gæster eller er i det mindste skeptiske, når fremmede kommer ind i dette rum. Naturligvis er rummet omkring hunden selv også en form for territorialt rum. Uønsket indtrængen i dette personlige rum kan føre til territorial aggression. Det er vigtigt at være opmærksom på, at der findes forskellige typer territorier, hvis man skal forstå territorial adfærd. Faktisk er aggression mod artsfæller eller fremmede ofte territorial aggression, der udløses af, at nogen ikke respekterer hundens personlige rum. Du kan forhindre, at denne beskyttelsesrefleks udløses ved altid at give din hund mulighed for at bevare sit personlige rum, når den møder fremmede hunde og mennesker. Tving ikke fremmede hunde til at mødes tæt på hinanden. Hvis en fremmed person ønsker at røre din hund, skal din hund have mulighed for at undgå at blive rørt. Du ønsker trods alt, at dit personlige rum skal respekteres, så hvorfor skulle det være anderledes for din hund?

Det er lidt mere kompliceret, når hunden anser et sted for at være sit territorium. I praksis betyder det, at der før eller senere vil komme en fremmed person ind i dette rum, og at hunden skal acceptere dette. Lige så forståeligt som det bør være for dig at lade din hund selv bestemme, om den vil lege med en fremmed hund, lige så vigtigt er det, at din hund accepterer, at boligen er dit ansvar og ikke hans. Også her er det nyttigt at sætte sig i hundens sted. Ud fra hans synspunkt har vi mennesker kun ringe kontrol over vores territorium og tillader jævnligt fremmede at krydse det. Et velkendt eksempel er postbuddet, der gentagne gange overskrider grænserne. Denne gentagne overskridelse af grænserne provokerer i stigende grad territoriale hunde, hvilket også fører til, at de ofte ikke bryder sig om postbudene. Hunden forstår ikke, hvorfor dens territorium ikke bliver respekteret, og til sidst ser den sig selv som værende nødt til at tage kommandoen, eller rettere pote. Denne misforståelse fører til territorial aggression over for ubudne gæster, fordi ingen andre holder øje med territoriet. Så din opgave er at formidle til din hund, at det ikke er hans opgave at holde øje med territoriet, men at det er dig alene, der skal gøre det. Sådanne misforståelser opstår ofte, når hunden får lov til at "hilse" på fremmede først. Det, der i vores øjne er en hilsen fra hundens side til besøgende, er fra hundens synspunkt en adgangskontrol. Selv om hunden kan virke sød i denne proces, er den faktisk ved at beslutte, om den skal tillade den besøgende at krydse grænsen eller ej. Med andre ord giver du hunden besked om, at den er ansvarlig for denne beslutning, hvis den får lov til at hilse på besøgende først. Derfor bør dette privilegium være dit som ansvarlig person. Få din hund til at vente et fast sted i hjemmet, indtil du har hilst på den besøgende og inviteret ham ind. Din hund skal derefter acceptere denne beslutning. Hvis der er et godt tillidsgrundlag mellem dig og din hund, har den ingen grund til at opføre sig aggressivt. Det kan være nyttigt at give hunden en spændende distraktion, så den lettere kan give slip på kontrollen.

Du skal vise ansvarlighed i alle situationer. Hvis du er på et nyt sted med din hund, skal du gå demonstrativt, men kortvarigt rundt på stedet. Det viser hunden, at du har kontrol over situationen og har sikret den fælles sikkerhed.

MADMISUNDELSE OVER FOR MENNESKER OG HUNDE

I modsætning til de tidligere nævnte adfærdsmønstre er madmisundelse ikke en adfærd, der bevidst er blevet opdrættet hos hunde. Det er snarere en form for frygt for tab og behovet for at sikre ressourcer, der er afgørende for overlevelsen.

Ofte skyldes misundelse på mad ofte fejl i forbindelse med fodring. Især hvis der er flere hunde, bør du sørge for, at hver hund har sin egen vand- og madskål samt et uforstyrret sted at spise. Hvis du tvinger flere hunde til at spise af den samme skål, tvinger du dem til at kæmpe om maden, og ingen af hundene vil nogensinde kunne spise i fred.

En anden almindelig fejl er med hunde, der kommer fra dyreinternatet. Mange af disse hunde har været nødt til at sulte på et tidspunkt i deres liv. Denne erfaring fører naturligt nok til, at hunden har et stærkt behov for at sikre sin mad, fordi den ved, hvad der ellers kan ske.

Selv om hundens behov for sikkerhed er forståeligt, er det stadig ikke godt, hvis den bliver aggressiv over for andre dyr eller endog mennesker, så snart nogen nærmer sig dens mad eller yndlingsbideknogle. Løsningen på dette problem må dog ikke være, at hunden skal tillade, at nogen nærmer sig dens mad af frygt eller underkastelse. I stedet skal du formidle til hunden, at dens forsyninger er sikre, og at den ikke behøver at være bange for at løbe tør for ressourcer, der er vigtige for dens overlevelse.

Du kan hjælpe din hund med at forstå dette. Sørg for, at han altid kan spise i fred og uden at skynde sig. Det sted, hvor hans skål står, bør ikke være i et transitområde, og han bør være alene under fodringen. Små børn og andre kæledyr bør ikke være i nærheden af hunden, mens den spiser. Mange hunde har godt af faste tidspunkter for at få deres mad, især hvis de kommer fra en vanskelig baggrund, hvor det næste måltid ikke var sikret. Det sted, hvor skålen er placeret, bør så vidt muligt ikke ændres. Dette styrker hundens selvtillid.

For at hunden skal forstå, at du ikke er en konkurrent, der forsøger at stjæle hans mad, men at du giver ham mad, kan du bruge et lille trick. Når du fodrer, skal du først fylde skålen med kun halvdelen af dens portion og fylde den gradvist op, efterhånden som hunden spiser. På den måde forbinder hunden noget positivt med, at nogen nærmer sig dens skål, i stedet for at tro, at nogen forsøger at tage noget fra den.

Hvis hunden er meget fokuseret på dig, men ikke accepterer, at andre kommer i nærheden af dens mad, så lad også andre mennesker fodre hunden. På denne måde lærer han, at andre mennesker også fylder hans skål i stedet for at tømme den, når de nærmer sig ham.

IMPULSKONTROL HOS HUNDE

Hvis din hund kan kontrollere sine handlinger og følelser, har den en god impulskontrol. Det er f.eks. tilfældet, når dit kæledyr leger, og du kalder det til dig. Nu har han valgt mellem at stoppe med at lege og komme hen til dig eller ignorere dig og fortsætte med at lege. Hvis han afbryder spillet, er der givet en god forudsætning for positiv impulskontrol, for hvis dit kæledyr altid giver efter for sin impulsivitet og derfor ikke hører, når han bliver kaldt tilbage, kan det være meget ubehageligt og endda farligt for omgivelserne og også for dyret selv.

Formålet med impulskontrol er derfor at sikre, at din hund ikke følger en stimulus, som du lige har opdaget i øjeblikkets hede, men i stedet viser den adfærd, du har lært den. Sådanne stimuli kan f.eks. være kastet legetøj, mad, andre hunde eller endog vildt, der flygter fra hunden. Så en veltrænet impulskontrol er meget vigtig, og alle hunde bør have den, fordi den gør livet mellem dig og din hund meget lettere. Hvorfor er det sådan? Dette spørgsmål er ganske enkelt at besvare. Du ønsker helt sikkert ikke, at din firbenede ven pludselig skal jagte en hare eller et rådyr på din daglige gåtur. Du ringer naturligvis tilbage til ham og forventer, at han lytter til dig. Hvis han gør det, har han en god impulskontrol og løber ikke efter spillet. Forestil dig nu, at mærkelige godbidder er blevet glemt. De kan være giftlokkemad, og du vil gerne forhindre din hund i at spise dem. Så ring tilbage til ham, og igen bør han straks lytte og stoppe sin spise-trang. Der er mange flere eksempler, der illustrerer, at god impulskontrol kan blive meget vigtig.

Evnen til at opnå denne impulskontrol kan dog afhænge af hundens alder eller race. Ligeledes spiller kropstype og stress en stor rolle, fordi denne kontrol over ens egne handlinger og følelser er meget udmattende for din firbenede ven. Husk også, at alle hunde er forskellige. Den ene kan være meget tålmodig og lydig, mens den anden kan have meget svært ved at kontrollere sine følelser. En sådan uddannelse kan ikke gentages igen og igen. Du bør derfor koncentrere dig om at kontrollere din hunds impulsive adfærd i vanskelige situationer.

Prøv følgende situation, og se, hvordan din hund reagerer: Hvordan opfører han sig, når du tilbereder hans mad? Er han spændt og kan næsten ikke vente, til du endelig sætter skålen foran hans næse? Løber han altid på tværs foran dine ben, så du næsten ikke kan komme hen til hans madplads uden at snuble over din hund? Eller kan han sidde roligt foran den fyldte madskål og vente, indtil du "slipper" maden løs til ham? Denne øvelse kan bidrage til god impulskontrol og kan faktisk gentages hver dag. Men glem ikke, at selv denne "lille" øvelse betyder en stor indsats for din skat, og roser ham meget, når han klarer den med bravur.

Prøv også denne øvelse en gang, den kan prøves med alle hunde og er et godt grundlag for yderligere træning: Tag en godbid i begge hænder og lad din hund "sidde" foran dig. Ræk nu begge hænder ud til ham. Din hund vil helt sikkert kigge på dine hænder med godbidderne. Målet skal dog være, at han skal se dig i øjnene og ikke på godbidderne. Når han til sidst kigger på dig, skal du belønne ham med godbidder. Selvfølgelig kan din firbenede ven forsøge alle mulige tricks på forhånd for at få godbidderne. Det kan være at gø eller hoppe op. Han vil forsøge at finde en løsning på egen hånd. Det er helt fint, så længe du kun belønner ham, når han ser dig i øjnene. Hvis din hund imidlertid udviser en adfærd, som du absolut ikke vil tolerere, skal du bringe den tilbage til udgangspositionen. Men du må ikke straffe din firbenede ven, da han altid vil føle noget negativt ved denne øvelse og derefter vil have meget svært ved at lære det. Her lærer dit dyr, at det kun kan få succes gennem dig, nemlig med godbidderne. Samarbejde er meget vigtigt her.

Nu kan du begynde en anden øvelse med din hund: Sid og bliv siddende på trods af distraktioner. Kommandoen "Sit" er en forudsætning her og bør naturligvis allerede være behersket. Lad din hund gøre "sit", og en anden person skal nu forsøge at distrahere den. Der kan kastes en bold eller gives godbidder. Det er også muligt at gå forbi med en elsket hundeven. Hvis din hund bliver siddende og ikke er generet af dette, bør du belønne den udførligt. Hvis det modsatte er tilfældet, skal I begge øve jer lidt mere, indtil det lykkes. Din firbenede ven lærer flere ting på én gang med denne øvelse. Først og fremmest vil han få god selvkontrol ved ikke bare at hoppe op og løbe efter bolden eller godbidderne. For det andet vil han dog lære lydighed og også, at det er meget givende for ham at samarbejde med sin plejer og ikke ignorere ham.

Men som allerede nævnt har visse faktorer en meget stor indflydelse på impulskontrol. Det er blevet konstateret, at store og kraftigt byggede hunde er bedre i stand til at bevare roen og roen i visse situationer. Mindre dyr med en slank krop er på den anden side mere impulsive og lettere distraherede.

Unge hunde er lige så meget mere impulsive og har ikke god impulskontrol. Jo ældre dyret bliver, jo mere roligt bliver det. Men det kan faktisk tage op til tre år. Her kan man sammenligne med mennesker. Et barn er lige så lidt i stand til at kontrollere sine følelser og handlinger, som et voksent menneske kan. Som regel kender han til sine handlinger og handlinger og deres konsekvenser.

Da de forskellige racer, der findes i verden, er blevet og bliver opdrættet til meget forskellige formål, er dette en anden faktor, der skal tages i betragtning. Der er stor forskel på disse racer, og derfor kan det være, at en art ikke har problemer med impulskontrol, mens en anden art allerede er meget impulsiv af natur.

De eksisterende stresssituationer er allerede blevet beskrevet i et tidligere kapitel. Hvis dit kæledyr lider af stress, vil det ikke kunne klare sig selv med positiv impulskontrol. Det første, du skal gøre, er at tage fat på stressproblemet.

Impulskontrol er ekstremt krævende for din hund. I visse situationer er det dog vigtigt, at dit dyr hører og lader sig kalde tilbage. Du skal ikke overbelaste din firbenede ven med utallige øvelser for at opnå impulskontrol. Koncentrationen vil så hurtigt aftage, og den ønskede selvkontrol hos din hund vil forsvinde. Derfor er det vigtigt, at du først overvejer og fastslår, hvor de svage punkter er, og derefter koncentrerer dig om dem i træningen.

Så hvordan kan du hjælpe din hund med at få bedre impulskontrol? Først skal du se på den daglige rutine og rutine i hverdagen. Kan du se en masse rastløshed her? Så vil din firbenede ven få problemer med selvkontrol, fordi han har svært ved at koncentrere sig. Skab faste rutiner og vaner og tilstrækkeligt med pauser, så din hund også bare kan være en hund indimellem. Stressfaktorer bør også elimineres. Din hund vil derefter have lettere ved at kontrollere sine egne impulser.

Hvis du nu ønsker at begynde at træne din hund, skal du huske på, at alle situationer er forskellige og ikke kan overføres. Hvis dit dyr f.eks. kan sidde foran den fyldte skål og vente på, at du giver det kommandoen til at spise, betyder det ikke, at det vil sidde lige så tålmodigt foran naboens kat, som misbruger dit blomsterbed som kattebakke. Hver situation skal derfor praktiseres separat. Begynd med lette lektioner og øg langsomt sværhedsgraden. Glem ikke at belønne dit kæledyr, når det reagerer, som du ønsker. Det vil øge motivationen, og han vil huske, hvad han har lært. Til gengæld bør du dog aldrig straffe dit kæledyr, hvis træningen ikke går godt. Det skaber en stressende situation for din firbenede ven og forværrer kun impulskontrolevnen. Vær tålmodig og fortsæt med at træne konsekvent, så vil du snart få succes.

ADFÆRDSFEJL I FORBINDELSE MED HUNDE

Du skal grundlæggende have den mentalitet, at hunde aldrig ønsker at være onde eller uartige, når de udviser en adfærd, som ejeren ikke ønsker. Hunde har et stort behov for harmoni og har ingen interesse i at fremprovokere konflikter eller irritere os. Så du skal ikke være vred på hunden, men gøre noget, der kan forbedre situationen: Spørg dig selv, hvilke fejl du måske har begået i kommunikationen eller i din omgang med hunden. Du ved allerede, at hundens sprog er fundamentalt anderledes end vores. Disse forskelle skyldes ikke kun, at vi mennesker hovedsageligt kommunikerer verbalt, dvs. gennem talte ord, mens hunde i høj grad udtrykker det, de ønsker at kommunikere, ved hjælp af deres kropssprog. Hundes og menneskers kropssproglige signaler er også nogle gange meget forskellige. Det, der er en venlig gestus for et menneske, kan være en truende gestus for en hund. Mange hundeejere er ikke engang klar over, at de også sender kropssproglige signaler. Hunde, som i høj grad kommunikerer på denne måde, er naturligvis meget opmærksomme på det, vi udtrykker med vores krop, og tolker det naturligt på deres egen måde. Så det er op til dig at tilpasse dig hundens sprog og sørge for, at du ikke sender misvisende signaler, der forvirrer hunden.

Frontal øjenkontakt

Det er bl.a. et tegn på høflighed, at folk søger direkte øjenkontakt med den person, de taler med. Det viser også, at vi er interesserede i samtalen.

Hunde fortolker derimod denne gestus helt anderledes. Hvis en hund stirrer på en anden hund, kan det være en truende gestus. Desuden er stirren og fastholdelse en del af jagtadfærd og går forud for et angreb. Derfor kan en hund betragte det som en trussel, hvis du stirrer for intensivt på den. Især i forbindelse med træning er øjenkontakt dog meget passende, fordi du på den måde kan sikre dig, at din hund er opmærksom. Undgå heller ikke bevidst at undgå hundens blik, da det kan være et tegn på underkastelse. Så det er helt fint at se din hund i øjnene en gang imellem, men sammenhængen er vigtig. Du bør undgå at stirre på fremmede hunde, når de f.eks. nærmer sig dig på en gåtur, for ikke at fremprovokere aggression.

Gå direkte hen til hunden

Ligesom at have direkte øjenkontakt og stirre kan det at gå direkte hen mod en hund, især en fremmed hund, af hunden blive opfattet som en truende gestus. Det skyldes, at hunde på denne måde sniger sig ind på deres bytte eller endda starter et slagsmål mellem rivaler. Så det, der virker helt logisk for os mennesker, nemlig at nærme os en person, som vi ønsker at interagere med uden omveje, kan virke helt forkert på en hund. Hvis du ikke kan vurdere situationen, og der er plads nok, er det altid tilrådeligt at nærme sig hundene i en bue i stedet for ad den direkte vej. Det virker måske lidt mærkeligt for dig, for hvem kan lide at tage en afstikker? Men det er et meget nyttigt trick til at kommunikere med hunde for at signalere, at du kommer med gode intentioner.

Løber væk fra hunden

Det kan virke indlysende at flygte fra en hund, der virker truende. Instinktet til at flygte er dybt forankret i os og er naturligvis meget nyttigt i mange situationer. Men når man møder en potentielt aggressiv hund, er det ikke nødvendigvis en god beslutning at løbe væk. I værste fald aktiverer du hundens jagtinstinkt med denne adfærd. Det kan føre til, at han ser et bytte i dig og begynder at jagte dig. Selv med ikke-aggressive hunde kan det fremkalde uønskede reaktioner at løbe væk. Det kan misforståes som en opfordring til at spille. Også i dette tilfælde vil hunden måske løbe efter dig. Det er derfor på ingen måde tilrådeligt at flyve, hvis man er bange for en hund. I stedet skal du bevare roen, prøve at tage et par dybe indåndinger og udstråle selvtillid.

Intimidering gennem aggression

Nogle mennesker mener, at det er vigtigt at vise hunden, at du som ejer er "alfa-dyret", om nødvendigt endda med vold, hvis det er nødvendigt. Argumentet er ofte, at hunde også udviser aggressiv adfærd over for hinanden. De, der argumenterer på denne måde, glemmer imidlertid, at aggression fremkalder modstand, både hos hunde og hos mennesker. Hvis man forsøger at tvinge hunden til at tage sin plads, kan det få hunden til at forsvare sig mod angrebet. Dette ville også ske blandt hunde. Den anden mulige reaktion er, at hunden er skræmt og bange. Begge dele skader forholdet mellem dig og din hund enormt og har ingen positiv indlæringseffekt. Du skal under alle omstændigheder afholde dig fra at være aggressiv over for din hund.

Bøje sig over hunden

Det virker måske helt naturligt, at du læner dig over en hund for at klappe den og få kontakt med den. Vi mennesker er trods alt meget højere oppe end vores firbenede venner, fordi vi går oprejst, og du ønsker at komme tættere på hunden. Desværre går det ikke godt hos mange hunde. Sæt dig i hundens sted. En meget større person læner sig pludselig over ham og vil måske endda røre ved ham. Det kan virke meget truende. Du må ikke skræmme fremmede hunde på denne måde. I stedet skal du give hunden en følelse af at have kontrol over situationen. Det bedste er at sætte sig på hug. Lad ham først snuse til din hånd, og stryg ham derefter på brystet foran. På denne måde har hunden et godt udsyn til den fremmede hånd og føler sig meget mere tryg ved mødet.

Hæv hænderne

Nogle mennesker kaster begejstret hænderne i vejret, når de er glade for at møde en hund. I hundens øjne øger det din kropsstørrelse, hvilket er en adfærd, som hunde især udviser, når de ønsker at skræmme eller true nogen. Ved at hæve nakkepelsen virker en hund straks meget større og mere truende for en anden hund. Så lad være med at løfte hænderne, når du møder en hund.

ALMINDELIGE FEJLFORTOLKNINGER I HUNDESPROG

Når du har behandlet, hvilken adfærd fra din side der kan misforstås af hunden, er det nu et spørgsmål om, hvilke signaler hunden sender, som du kan misforstå. Når alt kommer til alt, er en vellykket kommunikation grundlaget for et godt og forstående forhold og en fredelig sameksistens. Der er så mange ting, som din hund kun kan fortælle dig ved hjælp af sit kropssprog. Nedenfor finder du et par typiske citater fra hundeejere, hvis udsagn måske ikke altid er sande.

"En hund, der vifter med halen, er altid glad."

Strengt taget er hundes haleviften ikke et udtryk for glæde, men et tegn på, at hunden er ophidset. I de fleste tilfælde kan denne begejstring udløses af særlig stor glæde, men der kan også være undtagelser. Spændingen kan også have været udløst af frygt eller usikkerhed. Så hold også øje med andre signaler, og konkluder ikke bare, at hunden er glad på baggrund af den viftende hale. En glad hund har et åbent blik og viser ingen tegn på frygt, f.eks. løftet nakkepels eller fladtrykte ører.

"Når en hund knurrer, er den aggressiv."

Nogle mennesker bliver bange, når hunden begynder at knurre, mens de leger sammen. Men det er helt normalt, at hunde knurrer under leg. Især i tovtrækningsspil indikerer dette kun, at hunden er intensivt involveret i spillet. Knurren alene er ikke et udtryk for aggression. Det skal kombineres med andre signaler, f.eks. en anspændt kropsholdning, et stirrende blik og en pjusket nakkepels.

"Min hund ignorerer mig for at provokere mig."

Især i begyndelsen af træningen vil du bemærke, at din hund vil lytte meget mere opmærksomt til dine kommandoer, hvis du træner i et velkendt miljø, end hvis du starter en træningssession i et nyt miljø. I denne bog har du allerede lært, at hundens modtagelighed afhænger af mange faktorer. Et roligt og velkendt miljø forbedrer f.eks. i høj grad hundens evne til at lære. Hvis du opdager, at din hund ikke reagerer på din henvendelse i et ukendt miljø, er det ikke fordi den ønsker at genere dig. De mange nye indtryk overvælder ham simpelthen, og han kan ikke tage imod flere stimuli. Du må ikke reagere med vrede, men skal have forståelse for denne overbelastning. Giv hunden tid til at vænne sig til nye situationer, og øv dig målrettet på dette. Trin for trin kan du derefter gennemføre træningssessioner i miljøer med stigende distraktionsfaktorer.

"Min hund skammer sig virkelig, når jeg skælder ham ud!"

Denne antagelse er en ret harmløs misforståelse. Ikke desto mindre er der et presserende behov for en afklaring. Måske har du allerede observeret følgende adfærd hos en hund. Ofte gør hunde sig selv små, når de bliver skældt ud for at gøre noget, som faktisk er forbudt for dem. Hvis hunden f.eks. har tygget på en sko og bliver konfronteret med den, kan den lægge sig på ryggen og se på dig med et uskyldigt hvalpeudtryk. Det kan virke som om hunden ønsker at undskylde og vise, at den erkender sin fejl og skammer sig over den. Men det er i virkeligheden et tegn på underkastelse. Hunden opdager, at du er vred og skælder den ud. Ved at udvise denne adfærd signalerer han, at han har behov for at afdramatisere situationen, og at han forstår, at han ikke ønsker at komme i konflikt med dig. Hunde har ikke dårlig samvittighed, som mennesker ofte har, når de har gjort noget, som de faktisk ved, at de ikke burde have gjort.

Vær opmærksom på, at der kun kan opnås en læringseffekt, hvis hunden bliver taget på fersk gerning og derefter gjort opmærksom på, at den udviser en uønsket adfærd. Hvis du opdager den tyggede sko flere timer senere og derefter skælder hunden ud, vil den ikke være i stand til at skabe en forbindelse mellem skotygningen og skældud. I stedet er han usikker, fordi du opfører dig aggressivt over for ham, og derfor ønsker han at berolige dig.

"Knurren er et tegn på aggression."

Tænk på dig selv et øjeblik. I hvilken situation viser du oftest dine tænder? Sandsynligvis når du er særlig glad og griner. Man kan observere noget meget lignende med hunde. En meget glad hund vil nogle gange trække læberne op og vise tænderne. En erfaren hundeejer kan nemt se forskel på aggressiv knurren og et glad optræk af løfterne. En aggressiv hund, der viser tænder, vil rynke pelsen, indtage en truende, anspændt stilling, og huden på næsen vil synligt krølle sig sammen. En glad hund har en afslappet kropsholdning og et åbent blik.

Afsluttende ord

Denne bog har du fået et detaljeret overblik over en række emner, som hundeejere bør være opmærksomme på. Hvis du overvejer at anskaffe dig en hund, kan denne bog hjælpe dig med at blive opmærksom på mange relevante emner. Du startede med at tilegne dig en solid almen viden. Du ved nu, i modsætning til mange andre hundeejere, hvad forskellen er på opdragelse og træning, og hvad der skal lægges særlig vægt på, når du opdrager forskellige hunderacer. Et godt forhold er altid en grundlæggende forudsætning for at kunne leve sammen. Du ved nu også, hvordan du opbygger et forhold til din hund.

Alle hunde lærer forskelligt, og alle mennesker kommunikerer deres forventninger til hunden på forskellig vis. For at du kan vælge en læringsmetode, der passer til dig og din hund, kan du læse om det grundlæggende i de forskellige undervisningsmetoder. En hund har ikke kun brug for et kærligt forhold og god træning, men også for alt muligt tilbehør. Med alle de mange valgmuligheder, der findes på markedet, er mange hundeejere nødt til at beslutte, hvilke ting de virkelig har brug for, og hvad der er bedst for deres hund. På grund af dette har du været i stand til at lære om fordele og ulemper ved forskellige værktøjer og kan træffe de beslutninger, der er rigtige for dig, baseret på denne viden. Hvis du beslutter dig for at få en hvalp, er du nu klar over de særlige behov og krav, som en hvalp har, og du kan imødekomme dem. Selv en hvalp skal lære en masse og passe ind med andre hvalpe. Det er ofte ikke så let at finde et udgangspunkt og beslutte, hvilke lektioner der er de vigtigste. Du kan koncentrere dig fuldt ud om at træne de første lektioner og kommandoer, fordi du allerede kender de vigtigste udgangspunkter, når du har læst denne bog.

Der kan opstå problemer i ethvert samfund. Du vil vide, hvordan du kan forebygge typiske problemer med hundens adfærd, og hvad du skal gøre, når det allerede er for sent, og det er nødvendigt at gribe ind.

Så du kan se, at du nu er velinformeret om at leve med hunde, og forhåbentlig kan du nu beslutte, om du vil have en hund i dit liv, og hvordan du vil gribe det nærmere an.

OM DENNE SERIE:
MIN HUND FOR LIVET

Dette er det tyvende bind i en serie af kompakte, virkelighedstro vejledninger om hundetræning. De enkelte racer og hundeemner præsenteres af forfattere, der har mange års erfaring og kærlighed til hunde. Vi ønsker dig mange lykkelige og afslappede år med din firbenede ven!

Vi ville blive glade for en positiv evaluering!

Kilder

Sporrer, Conny (2020): Halsband oder Brustgeschirr?. (Fordele og ulemper i et overblik). I: www.martinruetter.com. URL: https://www.martinruetter.com/wien/news/details/artikel/halsband-oder-brustgeschirr/ [sidst besøgt 20.10.2021].

Sporrer, Conny (2019): So klappt's mit der Leinenführigkeit!... (Den rigtige forberedelse og de første træningsskridt!). I: www.martinruetter.com. URL: https://www.martinruetter.com/wien/news/details/artikel/so-klappts-mit-der-leinenfuehrigkeit/ [sidst besøgt 20.10.2021].

Bartz, Sascha (oJ): Forskellen mellem uddannelse og træning. (Det med hammeren og sømmet). I: www.hundetrainer-bartz.de. URL: https://www.hundetrainer-bartz.de/52-der-unterschied-zwischen-erziehung-und-ausbildung [sidst besøgt 20.10.2021].

Schürer, Julia (2020): Hofhund, Jagdhund, Hütehund - welcher Vierbeiner passt mir? (Hunde er rigtige arbejdsdyr. Men ikke alle hunde er ens - hver race har sine fordele og ulemper. Find ud af, om en gårdhund, hyrdehund eller jagthund passer bedre til dig og din virksomhed). I: www.agrarheute.com. URL: https://www.agrarheute.com/land-leben/hofhund-jagdhund-huetehund-welcher-vierbeiner-passt-mir-513314 [sidst besøgt 20.10.2021].

Anja (2019): Arbejdshunde - oversigtsartikel. I: www.haustiermagazin.com. URL: https://www.haustiermagazin.com/uebersicht-arbeitshunde-unentbehrliche-helfer/ [sidst besøgt 20.10.2021].

Blum, Ingrid (2019): Aggression i snor. (Hvor den kommer fra, og hvad du kan gøre ved den). I: www.meiko.ch. URL: https://www.meiko.ch/blog/post/hunde/leinenaggression [sidst besøgt 20.10.2021].

Rütter, Martin (2017): Træning af uønsket jagtadfærd. I: www.martinruetter.com. URL: https://www.martinruetter.com/kiel/news/details/artikel/training-bei-unerwuenschtem-jagdverhalten-1/ [sidst besøgt 20.10.2021].

Boecker, Anja (2021): At bryde vanen med madmisundelse hos hunde. (8 trin til ændring). I: www.hundeo.com. URL: https://www.hundeo.com/erziehung/futterneid-abgewoehnen/ [sidst besøgt 20.10.2021].

Lange, Alexandra (2019): 9 vigtige tips til et godt menneske/hund-forhold. I: 4pfoten-on-tour.de. URL: https://4pfoten-on-tour.de/tipps-mensch-hund-beziehung/ [sidst besøgt 20.10.2021].

Reinarz, Julia (2020): Det rigtige spil og legetøj til din hund. I: www.barf-alarm.de. URL: https://www.barf-alarm.de/blog/das-richtige-spiel-spielzeug-fur-deinen-hund/ [sidst besøgt 20.10.2021].

Sonderegger, Simon (oJ): Lerntheorie. (Hvordan lærer en hund). I: /www.hundeherz.c. URL: https://www.hundeherz.ch/fachbeitrag/lerntheorie-wie-lernt-ein-hund-teil-1 [sidst besøgt 20.10.2021]

Kolo, Cornelia (oJ): Udviklingen af hvalpe. (Fra fødsel til voksen hund). I: www.zooplus.de. URL: https://www.zooplus.de/magazin/hund/welpen/entwicklung-von-welpen#1607616915711-41806489-b888 [letzter Aufruf 20.10. 2021]

Mönch, Rebecca (2019): Om mening og uvidenhed i forbindelse med hundetøj. (Se - hun har klædt sin hund på!). I: www.hundeerziehung-online.com/. URL: https://www.hundeerziehung-online.com/ueber-sinn-und-unsinn-von-hundebekleidung/ [sidst besøgt 20.10. 2021].

Becker, Ralf (2009): Hvilken træning er der for hunde?. I: www.hundeurlaub.de. URL: https://www.hundeurlaub.de/blog/2009/10/08/welche-ausbildungen-fuer-hunde-gibt-es/ [sidst besøgt 20.10. 2021].

Tryk:

Værket, herunder alt indhold, er beskyttet af ophavsretten. Eftertryk eller gengivelse, helt eller delvist, samt lagring, behandling, kopiering og distribution ved hjælp af elektroniske systemer, helt eller delvist, er forbudt uden skriftlig tilladelse fra forfatteren. Alle oversættelsesrettigheder forbeholdes. Indholdet i denne bog er blevet undersøgt på grundlag af anerkendte kilder og kontrolleret med stor omhu. Forfatteren påtager sig dog ikke noget ansvar for, at oplysningerne er aktuelle, korrekte og fuldstændige. Ansvarskrav mod forfatteren, som vedrører skader af sundhedsmæssig, materiel eller ideel art, der er forårsaget af brug eller ikke-brug af de præsenterede oplysninger og/eller af brugen af ukorrekte og ufuldstændige oplysninger, er i princippet udelukket, hvis der ikke kan bevises nogen forsætlig eller groft uagtsom skyld fra forfatterens side. Denne bog er ikke en erstatning for lægelig og professionel rådgivning og pleje. Denne bog henviser til indhold fra tredjepart. Forfatteren erklærer hermed udtrykkeligt, at der på det tidspunkt, hvor linksene blev oprettet, ikke kunne konstateres noget ulovligt indhold på de linkede sider. Forfatteren har ingen indflydelse på det linkede indhold. Derfor tager forfatteren hermed udtrykkeligt afstand fra alt indhold på alle linkede sider, som er blevet ændret efter at linket blev oprettet. For ulovligt, ukorrekt eller ufuldstændigt indhold og især for skader som følge af brug eller manglende brug af sådanne oplysninger er kun udbyderen af den linkede side ansvarlig, ikke forfatteren af denne bog. Alle rettigheder forbeholdes. Kontakt en dyrlæge for at få professionel og detaljeret rådgivning!

Billederne er licenseret fra https://de.depositphotos.com/.
M. Mittelstädt, Sherif Khimshiashvili Street N 47 A, Batumi 6010, Georgia

All Rights Reserved.

© copyright 2022 Finn Nielsen

CPSIA information can be obtained
at www.ICGtesting.com
Printed in the USA
LVHW081940111122
732651LV00010BA/970